매력적인 사람이 되는

행복한 수다의 기술

매력적인 사람이 되는

행복한 수다의 기술

전도근 저

지성공간

머리말

오늘날 TV를 보면 뉴스나 연속극, 다큐멘터리를 제외하고 나머지 프로그램들은 유명한 사람들이나 사연을 가진 사람들의 수다를 늘어놓는 프로그램이 대부분이다. 더욱이 종편 같은 방송사가 증가하면서 수다를 잘하는 사람은 여기저기에서 출연하는 것을 볼 수 있다.

이뿐만 아니라 영화나 TV 프로그램의 제목이 아예 수다인 것도 많고, 토크쇼, 인터뷰 프로그램들은 입담 좋은 출연자들을 섭외하여 한바탕 수다의 향연을 펼친다. 이러한 프로그램에서 가장 대우받는 사람은 수다를 제일 잘하는 사람들로서 인기도 많고, 대우도 좋고, 높은 보수를 받는다.

결국 수다를 잘하는 사람이 성공하는 시대가 된 것이다. 과거에는 여성들이 쓸모없는 말을 지속적으로 하는 것을 수다라고 무시하며 수다를 부정적으로 생각했던 적도 있다. 아직도 수다를 여성들이나 하는 하찮은 것으로 여기기도 하지만 점차 사회분위기는 수다에 대해서 긍정적인 면에 주목하기 시작했다. 과거에는 여성들의 전유물처럼 생각했던 수다는 이제 남성들도 즐기고 있으며, 나아가 수다는 성공하기 위해 갖추어야 할 능력으로 인정받고 있다. 실제로 인기 있는 사람이 되거나 성공하기 위해 수다를 잘하는 것을 기본조건으로 삼고 있는 사람들이 대부분이다.

사람은 태어나서 죽을 때까지 수다를 한다. 그러나 누구나 수다를 잘하는 것은 아니다. 어떤 사람들은 수다를 잘해서 하는 일마다 잘되지만 어떤 사람은 수다를 잘 못해서 번번히 하는 일마다 꼬이거나 실패하는 경우가 있다.

수다는 성공도 가져다주지만 수다를 잘못하게 되면 돌이킬 수 없는 실수를 하게 되기도 하고 사회에서 매장될 수도 있다. 따라서 수다를 잘하는 방법과 원리를 알아두면 자신도 행복해지지만 남들에게도 행복을 줄 수 있다.

오늘날 여성이 대통령이 되고, 사회의 리더나 최고 경영자가 여성이 되는 경우가 많이 생기면서 여성의 인권이 향상되고, 일부에서는 역차별이 이루어지기도 한다. 이러한 시점에서 여성들에게 수다는 사회생활을 영위하기 위한 필수요소가 되어 가고 있을 뿐만 아니라 누구나 수다를 잘해야만 성공하는 시대가 되었다.

이 책은 총 8장으로 구성되어 있으며, 제1장에서는 수다의 원리를 말하고 있고, 제2장에서는 수다의 목적에 대해 다루었으며, 제3장에서는 실제로 수다의 달인들에게 배우는 수다의 노하우를 다루었고, 제4장에서는 수다의 달인이 되는 7가지 방법을 다루었으며, 제5장에서는 수다로 눈치 못 채게 설득하는 방법을, 제6장에서는 좋은 수다를 위한 질문방법을, 제7장에서는 수다를 즐겁게 해주는 경청하는 방법을, 제8장에서는 주의해야 할 수다기술을 다루었다.

부디 이 책을 통해서 수다에 대한 정확한 개념을 익혀 수다를 통해 매력 있는 사람이 되고 행복한 사람들이 많아지길 바란다. 또한 수다를 잘 못해서 고민하거나 수다로 성공하고자 하는 사람들에게 이 책이 도움이 되기를 소망한다.

일산 서재에서

전도근

CONTENTS

제2장

제3장

제4장

제8장

주의해야 할 수다기술 193

제1장
행복해지려면 수다를 하라

말을 시작하기 이전에
생각할 시간이 있다면…

네가 하고자 하는 말이
정말 가치가 있는지…
말을 할 필요가 있는지…

네가 원하는 말을 하여
누군가에게
상처를 주지는 않을지
생각해 보라.

톨스토이

말도 아름다운 꽃처럼 그 색깔을 지니고 있다.

- E. 리스 -

수다란 무엇인가?

요즘 들어 매스컴에서 수다를 주제로 토론하는 프로그램이 수시로 생겨나고 있다. 과연 수다가 어떤 의미이기에 수다를 주제로 삼았을까를 보면 매우 아이러니하다.

수다를 사전에서 찾아보면 '쓸데없는 말을 해 대다' 라고 되어 있으며, '수다스럽다' 를 사전에서 찾아보면 '불필요한 말을 많이 한다' 라고 되어 있다. 결국 수다라는 의미 안에는 '쓸데없고 불필요한' 이라는 말이 붙어 있어 부정적인 의미임을 알 수 있다.

이처럼 수다를 부정적으로 보게 된 이유는 무엇 때문일까? 일반적으로 여성의 인권이 열악한 시대이거나 사회에서 여성의 역할이 적을수록 여성을 비하하는 표현들이 많았다. 특히 유교적 관념이 사회를 지배하던 조선 시대에는 "여자는 말을 많이 하면 안 된다", "말소리가 담장 밖으로 넘어가면 안 된다", "여자 셋이 모이면 접시가 깨진다" 등으로 여성들이 수다를 하거나 의사를 표현하는 것이 금기시된 적이 있다. 당시 사회에서는 말을 극도로 아껴 조용하고, 조신스러운 여자가 대우받는 세상이었다. 이러한 사회에서는 여성들의 수다나 말이 많은 것은 당연히 부정적인 의미가 될 수밖에 없었다.

수다라는 단어가 처음으로 등장한 것은 정확하지 않지만 조선 시대에 들어와서 여성들을 비하하면서 여성들의 의사표현을 통제하기 위한 관습으로 등장했음을 알 수 있다. 그러나 수다는 하찮은 것이라는 부정적인 의미로 시작했지만 생활에 이로움을 주는 긍정적인 평가도 점차 증가하고 있다. 수다는 지금까지 인내를 미덕으로 생각하던 생활 속에서 생긴 각종 스트레스나 화병을 치료해주는 데 탁월한 효과가 있으며, 정신적으로 행복해지게 만들어 주므로 정신 건강에 도움을 주고 있다.

수다란 대화와 같은 의미이기도 한데, 대화를 사전에서 찾아보면 '마주 보면서 이야기를 주고 받는 것'이라고 되어 있다. 일반적으로 수다나 대화나 같은 의미이지만 이를 본다면 수다는 여성들이 서로 하는 말이고, 대화는 남성들이 서로 말할 때 많이 사용한다. 이는 남자들끼리 말하는 데 '수다'라는 표현을 사용하지 않고, 여성들끼리 말하는 데 '대화'라고 표현하지 않기 때문이다.

하여간 오늘날 수다라는 것은 사회의 중요한 영역으로 자리를 잡아가고 있다. 그래서 방송에서도 '수다'라는 제목을 본격적으로 내걸고 입담이 좋은 손님들을 모셔다가 설전을 벌이기도 한다. 수다는 듣는 사람들에게 정보를 제공해주기도 하지만 카타르시스를 주기도 하고, 공감대를 만들어 주기도 한다. 그래서 현대인들에게 자신이 하고 싶은 말을 대신해주는 수다를 주제로 하는 프로그램에 관심과 흥미를 갖는다. 결국 수다를 잘하는 사람이 유명해지고 경제적으로도 엄청난 수익을 창출하고 있다.

수다는 방송에서만이 아니라 일상생활에서도 깊게 파고들어 말을 재미있게 하는 사람들이 인기도 높고 인간관계도 넓고 깊어짐에 따라 수다는 하나의 중요한 인간관계 수단으로서 자리를 잡아가고 있다.

수다는 부정적인 의미로 시작했지만 이제는 생활 속에서 인간관계의 중요한 수단으로 자리를 잡아가고 있다. 앞으로 수다는 지금보다 중요한 사회생활의 한 영역으로 성장할 것이며, 심리치료적인 매체로서도 중요성이 더욱 증가할 것으로 예측된다.

사람은 말을 해야 행복하다

고대 그리스의 철학자 아리스토텔레스는 '인간은 사회적 동물이다'라는 유명한 말을 남겼다. 인간은 사회 속에서 다른 사람들과 관계를 맺으며 살아가는 존재이며, 사람을 떠나서는 살 수 없다. 사람들은 나 혼자 있다는 고립감을 생각보다 오래 견디지 못한다. 타인과의 관계가 단절됐을 때 느끼는 쓸쓸함과 고독은 사람을 죽음으로까지 몰아갈 수 있다.

미국의 작가이며 교육자이자 사회주의 운동가인 헬렌 켈러(Helen keller)는 생후 19개월 정도 되던 날에 갑자기 심한 '뇌막염'에 걸려서 귀가 안들리기 시작했고, 눈도 안보이기 시작했다. 덩달아 말하는 법까지 잃어버려 말도 제대로 할 수 없었다. 헬렌 켈러는 "듣지 못하는 것은 보지 못하는 것보다 더 불행하다. 왜냐하면 보지 못하는 것은 사물들로부터 나를 고립시키지만 듣지 못하는 것은 사람들로부터 나를 고립시키기 때문이다"라고 말했다. 그리고 헬렌 켈러는 인생을 살면서 자신의 장애로 인해 자주 사람들에게 가까이 가지 못하고 사람들과 소통할 수 없었음이 가장 괴로웠다고 밝혔다. 시각과 청각을 모두 잃었기에 어떤 어려움이 있는가를 누구보다도 잘 아는 그는 타인의 존재가 얼마나 중요한지, 그리고 사람과의 소통이 얼마나 중요한지를 잘 설명해 주었다.

말하는 것의 중요성을 알 수 있는 또 하나의 사례가 있다. 감옥의 수감자들에게 가장 피하고 싶은 내부처벌은 독방이라고 한다. 독방은 수형자를 다른 수형자와 접촉시키지 않고 단독으로 수용하거나 외부와 접촉을 끊는 것으로 수형자에게 고통을 주는 처벌을 말한다. 독방에 갇힌 사람은 자신이 독방에서 고립되어 있다는 생각에 극단의 불안감을 가지게 되기 때문에 참기가 어렵다고 한다. 그뿐만 아니라 혼자라는 공포감을 느끼며 심지어는 극심한 스트레스를 경험하면서 신체와 정신에 치명적인 영향을 받게 된다고 한다.

실제로 외부와 차단된 채로 독방생활이 길어지면 정신이상이 되거나 극단의 불안함을 이기지 못하고 자살하는 경우도 있다. 그러나 이러한 독방에서도 다른 사람들과 대화를 할 수 있게만 하면 얼마든지 견뎌낼 수 있다고 한다.

이처럼 사람이 다른 사람과 만나지 못하거나 대화를 하지 못한다면 그것은 정말 끔찍한 일이다. 인간이 사회적 존재라는 것은 늘 누군가와 만나 대화를 나눈다는 것을 의미한다. 의사소통 없는 만남은 이루어질 수 없으며 인간관계는 이어질 수 없다. 결국 인간관계와 그로 인한 의사소통은 한 개인의 자존감 상승에 큰 영향을 준다. 자존감이란 한 인간으로서 사회 속에서 인정받고 존중받을 때 상승하는 것으로, 행복한 삶을 영위하는 데 필요한 결정적인 요소다.

말하는 즐거움과 듣는 즐거움 중 어느 것을 택하겠는가? 라는 질문에 대다수의 사람들은 말하는 즐거움을 택할 것이다. 말하는 즐거움은 내가 주도자가 될 수 있다는 것과, 남들의 시선이 나에게 맞추어 지고, 내가 하는 말에 경청하기 때문에 말을 하는 사람은 당연히 자존감이 증가하여 행복해질 수밖에 없다. 결국 사람은 자신의 행복을 위해서 말을 해야 한다. 그래야 인간관계가 이어지고 인간으로서의 본능을 누리는 것이라고 할 수 있다.

사람이 혼자만 세상을 살아가야 한다면 수다는 필요없을 것이다. 그러나 사람은 사회적 동물이기 때문에 사람과의 관계 없이는 살 수가 없다. 따라서 사람들이 사회생활을 하기 위해서 수다는 뗄래야 뗄 수 없는 것이다.

왜 말을 하고 싶을까?

사람이 말을 하고 싶은 가장 중요한 이유는 사람은 사람들과 만나서 자신의 감정을 나누고 싶어 하기 때문이다.

인간은 다양한 감정을 가지고 있다. 맹자는 사람은 칠정(七情)을 가지고 있다고 하였다. 칠정(七情)은 희로애락애오욕(喜怒哀樂愛惡慾)으로 기쁨과 성냄과 슬픔과 즐거움과 사랑과 미움과 욕심을 말한다. 인간의 칠정은 혼자 느끼는 것이기보다는 사람과의 관계 속에서 생기는 것이다. 따라서 상대방이라는 사람이 없다면 느끼지 못할 것이 많다. 그렇기에 사람들은 자신의 감정을 사람과 나누고 싶어 한다. 사람과 자신의 감정을 나눌 때도 상상만으로 나누는 것에 대해서는 충분하고 적절하지 못하다. 충분한 감정 교류를 하기 위해서는 직접적인 만남을 통해서 대화를 하고 싶어 한다.

이처럼 사람을 만족시킬 만한 감정 교류는 다른 인간과의 직접적인 만남과 대화를 통해서 가능하다는 것이다. 게다가 사람과의 만남과 대화는 자신의 감정을 교류하는 것으로 끝나는 것이 아니라 대화를 통해 만족감이 높아지는 감정의 발달도 가져온다. 이러한 경험을 한 사람들은 지속적으로 사람을 만나고 싶어 하고 결국은 대화를 하고 싶어 한다. 이것이 바로 수다의 시작인 것이다. 실제로 우리는 수다를 통해서 자신과의 공감을 얻어 낼 뿐만 아니라 문화 내에서 이전 세대의 경험과 지식을 전수받고 한 사람의 인간으로 성장하기 때문이다. 그리고 이러한 경험들은 그 어떤 행복감을 주는 것들보다 매우 강력하게 행복으로 작용하게 된다.

누구나 어렸을 적 읽었거나 들었던 이야기 중에는 '임금님 귀는 당나귀 귀' 라는 동화가 있다. 어떤 나라 임금님은 귀가 당나귀 귀라서 백성들에게 들키지 않기 위해서 귀까지 푹 감쌀 수 있는 특별한 모자를 쓰고 다녔다. 자신의 과도하게 큰 귀가 무척이나 창피하게 느껴졌던 임금님은 국정을 살필 때도, 밥을 먹을 때도, 잠을 잘 때도 이 모자를 벗지 않았다. 그러던 어느 날 머리카락이 너무 자라서 더 이상 깎지 않고는 견딜 수 없는 지경에 이르고야 만다. 임금님은 이발사를 궁으로 불렀다. 궁전으로 불려간 이발사가 이발을 하면서 임금님 귀를 보고 깜짝 놀랐다. 임금은 자신의 귀를

보고 놀란 이발사에게 자신의 귀에 대한 비밀을 발설하면 죽음을 면치 못할 것이라고 잔뜩 겁을 주었다.

집으로 돌아온 이발사는 아무에게도 이야기해서는 안 된다는 임금님의 명령 때문에 그 말을 하지 못해서 정말 답답하였다. 속만 끓이며 하루하루를 보내다 병에 걸리고 만다. 시름시름 앓던 이발사는 의사를 찾아간다. 그런데 의사는 이발사에게 침을 놓거나 약을 주는 대신, 이발사에게 인적이 드문 곳으로 가서 구덩이를 파고 거기에다 하고 싶은 말을 다 해보라는 처방을 내렸다. 결국 이발사는 답답함을 참지 못하다가 뒷산 대나무 숲으로 가서 숲 가운데에 아무도 못 듣는 곳으로 가서 구덩이를 파고 크게 "임금님 귀는 당나귀 귀!"라고 소리를 몇 번 질렀더니 10년 묵은 체증이 싹 가라앉듯이 속병이 나았다. 그 후에 구덩이 주위에 대나무가 자라기 시작했고, 바람이 불기만 하면 대나무들끼리 부딪히면서 "임금님 귀는 당나귀 귀!"라는 소리가 들렸다고 한다. 결국 소리가 바람을 타고 온 나라에 퍼져 결국 임금님 귀가 당나귀 귀라는 것이 다 알려졌다는 내용이다.

이는 비록 동화지만 이발사가 얼마나 말을 하고 싶었는지를 잘 나타내고 있다. 임금님이 죽일 수도 있다는 것을 알지만 이발사는 결국 자신이 하고 싶은 말을 하고 싶었던 것이다. 이처럼 사람의 감정 표현의 욕구는 죽음보다도 강한 것이다.

결국 이발사는 자신의 감정을 표현하지 못해 병을 얻게 되었다. 실제로 사람들은 자기가 하고 싶은 말을 하지 못하고 살면 화병이 생긴다. 이발사는 참아왔던 말을 속 시원하게 터뜨렸고, 그 덕분에 병에서 벗어날 수 있었다. 우리가 주목해야 할 것은 이발사가 어떤 사람을 붙들고 자신의 속마음을 털어놓은 것이 아니라는 일방적으로 참아왔던 이야기를 쏟아냈을 뿐이다. 결국 자신의 감정 표현은 상대방의 동의나 경청을 요구하는 것이 아니라 일방적인 말만 해도 사람이 행복해질 수 있다는 것을 알 수 있다.

왜 수다가 중요해질까?

미국 정신의학회에서는 화병을 '한국인에게 많은 분노증후군의 하나로, 분노의 억제로 인해 발생한다'라고 정의하고, 'Hwa-Byung'이라는 우리말 단어를 공식병명으로 등록했다. 화병은 마치 냄비가 끓다가 어느 순간에 뚜껑이 열리면서 국물이 넘치는 것과 같이 '장기적으로 스트레스를 받고 이를 풀지 못해 폭발하는 병'으로, 다른 나라에서는 이 병이 한국인에게서 주로 발생하는 것으로 알려져 있다.

화병은 억울한 감정은 있는데 이를 풀지 못하고 억지로 참고 억누를 때 생기는 병이다. 화병이 생기면 신체적으로는 가슴이 두근거리고, 불면증, 피로, 소화 불량, 식욕 부진, 호흡 곤란, 전신 동통 및 상복부에 덩어리가 있는 느낌 등이 나타나고, 정신적으로는 불안, 우울, 초조, 공황, 죽음이 임박했다는 두려움 등이 생긴다고 한다. 화병 역시 스트레스로 인해 우울 증상이 발생하는 것은 마찬

가지이나, 분노와 같은 감정이 사회적으로 용납되지 않기 때문에 환자가 이러한 감정을 스스로 억누르고 내면화하게 되면서 억압된 감정이 신체 증상으로 나타나는 것이 차이점이라 할 수 있다. 한의학이나 전통적인 개념에서는 이런 분노의 감정을 '화(火)'의 개념을 써서 설명하고 있다. 결국 화병은 주로 하고 싶은 말을 제대로 하지 못하고 꾹꾹 억누르면서 참는 사람에게 자주 나타난다.

유독 한국 사람들에게서 화병이 주로 나타나는 이유도 바로 참는 것이 미덕이라고 하는 인내하는 문화 때문이다. 억울하고 분한 일을 당해도 자신의 감정을 드러내지 않고 침묵을 지키는 사람을 좋게 평가하는 것이 우리의 문화이다. 그 덕분에 과거에 모질게 시집살이를 하면서도 입 한 번 뻥끗하지 못했던 며느리들이 화병에 쉽게 걸렸던 것이다. 하지만 요즘은 며느리들만 화병에 걸리는 것은 아니다. 며느리 대신 손자 · 손녀 양육과 집안 살림까지 떠맡

으면서도 집안의 평화를 위해 아들과 며느리 눈치를 보는 시어머니도 걸릴 가능성이 크다. 또 요즘은 남성들도 화병에 쉽게 노출된다. 많은 남성이 회사에서 실직의 공포 속에서 엄청난 스트레스에 시달리면서도 자존심 때문에 누구에게도 자신의 고통을 털어놓지 못하고 있다. 자신의 가족들에게 걱정을 끼치지 않겠다는 가장의 깊은 뜻이 숨어 있지만, 이러한 행동 양식이 결국 화병을 불러일으키곤 한다.

그렇다면 화병에 걸리지 않기 위해서, 또는 화병으로부터 탈출하기 위해서는 어떻게 해야 하나? 가장 좋은 방법은 당연히 하고 싶은 말을 하면서 사는 것이다. 실제로 자신의 느낌과 생각을 솔직하고 과감히 말하면서 생활하면 화병은 걸리지 않는다. 이처럼 인내하는 문화는 결과적으로 수다로 화를 풀려는 움직임들로 자연스럽게 나타나고 있다.

실제로 마음이 평온하거나 심리적인 안정감이 있는 사람들은 수다를 즐겨 하지 않으며, 정서적으로 안정감이 떨어지거나 인내로 인해 억눌린 감정이 있는 사람일수록 수다를 자주 하는 편이다. 그래서 억눌린 감정이 있거나 안정감이 떨어질 때 수다를 하게 되면 자신에 대한 존중감이 증가하고 스트레스에서 해소되는 것을 느끼고 결국에는 행복감을 느끼는 사람들이 많다. 이러한 경험들은 수다를 더욱 자주 하게 하며 하나의 습관으로 자리를 잡게 만든다.

말을 잘한다고 수다를 잘하는 것은 아니다

'말'이란 무엇인가? '말'이란 사람의 생각이나 느낌을 입으로 나타내는 소리 또는 그 행위나 내용을 의미한다. 말을 영어로는 스피치(speech)라고 하는데 스피치(speech)의 사전적 의미는 말하기, 말씨, 말투, 발언, 화법 또는 말하는 능력을 통칭하는 말이다. 넓은 의미로는 연설, 웅변, 토론, 토의, 회의, 좌담, 수다, 화술, 화법, 커뮤니케이션 등에 이르기까지 그 범위가 대단히 넓다.

일반적으로 '말'은 주어진 시간과 장소에서 다수의 사람을 대상으로 기술적으로 말하는 것을 뜻한다. 따라서 스피치는 인간이 생활하는 데 자기표현의 수단이며 경쟁의 시대에 생존할 수 있는 무기이기도 하다.

'대화'는 사람들이 마주 보고 이야기를 주고받는 것을 말한다. 영어로는 '커뮤니케이션'이라고도 한다. 커뮤니케이션은 사람의 언어나 몸짓이나 화상(畵像) 등의 외형적 기호를 매개수단으로 정신적 · 심리적인 전달 교류 작용을 말한다. 어원은 라틴어의 '나누다'를 의미하는 'communicare'이며, 본래의 뜻은 신(神)이 자신의 덕(德)을 인간에게 나누어 준다는 데서 시작하였다는 것이다. 그래서 오늘날 커뮤니케이션은 어떤 사실을 타인에게 전하고 알리는 심리적인 전달의 뜻으로 쓰인다.

'수다'는 국어사전에서 찾아보면 쓸데없이 말수가 많은 것을 의미하지만, '수다떨다'라는 뜻은 '담화를 주고받다', '이야기를 나누다', '대화를 하다'라는 말로 표현하고 있다. 결국 수다는 '말'과 가깝기보다는 '대화'와 가깝다.

말과 스피치가 상대방의 반응과는 무관하게 일방적으로 하는 것이라고 한다면, 수다나 커뮤니케이션은 사람이 가진 정보, 지식, 생각, 아이디어, 제안을 상대방에게 언어나 몸짓이나 기호를 통해 전달하는 일련의 과정을 뜻한다.

따라서 말을 잘한다는 것은 남들에게 부러운 능력을 가졌다고는 할 수 있지만 상대방과 수다나 대화를 잘한다고는 할 수 없다. 말을 잘하는 것은 자신이 가진 정보, 지식, 생각, 아이디어, 제안을 잘 표현할 수 있지만 원하는 결과를 가져오게 할 수는 없기 때문이다.

결국 말을 잘한다고 해서 꼭 수다를 잘하는 것이 아니라는 것을 알 수 있다. 말은 상대방의 반응과는 무관하게 화자가 일방적으로 하는 것이지만 수다는 상대방의 반응을 고려하면서 하는 것이기 때문이다.

수다와 대화의 차이

의사소통 방법 중에서 가장 일반적이고 가장 많이 사용하는 방법이 바로 대화다. 수다도 대화의 일종이지만 사람들은 수다와 대화를 굳이 구분 지으려고 한다. 그러나 수다와 대화에 대한 구분을 명확히 하기는 쉽지 않다. 수다를 대화와 굳이 구분 지으려고 한다면 수다가 대화보다 저급하거나 가볍다고 생각하는 데서 출발해야 한다. 과거에는 수다를 부정적으로 생각했기 때문이다. 그러나 사회가 발전하면 할수록 수다는 대화의 일부로 또는 같은 의미로 사용되고 있다.

굳이 수다와 대화를 구분해보면 다음과 같다.

- 진지함으로 구분한다.

  대화와 수다의 차이를 구분할 때 가장 많이 따지는 것이 진지함의 정도로 구분한다. 일반적으로 대화는 이야기 내용이 무겁고 진지한 것으로 생각하는데 수다는 이야기 내용이 좀 가볍고 진지하지 못하다고 생각한다. 그래서 대화는 업무나 회의에서 사용하는 데 반해, 수다는 인간관계나 친목에서 사용한다.

- 화자가 누구냐에 따라서 구분한다.

  일반적으로 나에게 관련된 일이거나 나의 이야기를 나누는 것은 대화가 많지만, 나와 관련이 없거나 제 3자에 대한 이야기를 다루면 수다일 가능성이 크다.

- 상호작용 방법을 가지고 구분한다.

  의견을 말하고 그것에 대한 상대방의 의견이 있으면 대화지만, 의견을 말하고 상대방의 의견보다는 '와!', '정말?', '그래?', '진짜?', '그렇구나!' 와 같은 반응이 많으면 수다일 가능성이 크다.

- 주제를 다루느냐 소재를 다루느냐로 구분한다.

대화에서는 이야기 내용에 '주제'를 가지고 의사소통을 하지만, 수다는 이야기에 주제보다는 '소재'를 가지고 의사소통을 한다.

- 결론의 유무를 가지고 구분한다.

대화는 이야기를 나누고 나서 결론이나 얻는 것이 뚜렷하게 있지만, 수다는 결론 없이 끝나기도 한다.

- 의사소통이 끝나고 얻는 것을 가지고 구분한다.

이야기가 끝나고 무언가 남는 것이 있으면 대화고, 수다는 이야기가 끝나고 나서 허무하거나, 괜히 얘기했다는 생각이 들기도 한다.

- 목소리의 크기와 속도로 구분한다.

대화는 일반적으로 목소리의 크기와 속도가 일정하지만 수다는 목소리가 크며 속도가 빠른 편이다.

- 말의 순서로 구분한다.

말을 할 때 한 번 말하고 한 번 들어주는 쌍방향으로 진행되면 대화지만, 수다는 남이 들어주든 말든 일방통행으로 진

행된다.

● 듣는 사람에 의해서 구분한다.

대화는 모든 사람이 경청하지만 수다는 듣는 사람들이 주의 깊게 듣지 않아도 아무런 문제가 없다.

지금까지의 구분을 보면 대화는 긍정적인 의미가 많고 수다는 부정적인 의미가 많은 것으로 나타난다. 그러나 이제는 수다와 대화를 정확하게 구분 짓는 것은 의미가 없다. 지금은 수다와 대화를 크게 구분 짓지 않고 사용하는 시대가 되었기 때문이다. 어찌 보면 대화보다는 수다를 잘하는 사람들이 성공하고 인정받는 시대가 되었다.

수다는 왜 여자가 더 좋아할까?

사람은 생물학적으로 남자와 여자로 구분된다. 남자와 여자는 같은 사람이지만 생물학적으로만 다른 것이 아니라 생각과 수다도 다르다. 남자와 여자의 차이에 따른 수다의 차이를 보면 다음과 같다.

생물학적으로 차이가 있다

미국의 한 조사를 보면 남자들은 하루에 7천 단어 정도를 사용하지만, 여성들은 하루에 2만 단어를 사용한다고 한다. 이는 미국 기준이므로 과묵한 대한민국 남자들은 그보다 훨씬 적을 것이다. 어쨌든 말수가 적은 남자들보다는 말수가 많은 여성들이 수다를 좋아하거나 잘할 수밖에 없다.

심리적으로 차이가 있다

남자들은 일반적으로 남에게 자신의 모두를 드러내는 것을 싫어 하며, 상대방에 대해서 모든 것을 알고 싶어 하지도 않는다. 반면에 여자들은 자신의 모두를 드러내는 것을 좋아하며, 상대방에 대해서 모든 것을 알고 싶어 한다. 남자들은 처음 만난 사람과 친해지는 데 시간이 걸리지만 여자들은 공감대만 형성되면 시간에 구애받지 않고 어느 누구나 친해질 수 있다. 그렇기 때문에 수다는 남성들에게는 좀 부담스러운 것이기도 하지만 여성들에게는 매우 필요한 것이다.

내용 면에서 차이가 있다

수다는 일반적으로 가볍고 시시껄렁한 내용들이 많다. "뭘 먹을까?", "어디서 만날까?", "뭐 먹었느냐?", "음식 맛이 어땠느냐?", 배우자 흉보기, 시부모 흉보기, 자식 자랑하기, 친구 이야기, 쇼핑한 이야기, 여행을 다녀 온 이야기, 상사 욕하기, 연예인 흉보기가 주가 된다. 여성들은 감성적이기 때문에 머리 아픈 이야기보다는 가볍고 시시껄렁한 이야기를 좋아한다.

반면에 남자들은 감성적이기보다는 이성적인 쪽에 관심이 많기 때문에 남자들은 중요한 말과 행동만을 하게끔 프로그램화 되어 있다. 그렇기 때문에 대부분의 남자들은 시시껄렁한 이야기를 못하거나 필요 없는 것으로 생각한다.

스트레스 해소방법에 차이가 있다

여자들은 스트레스를 받거나 감정이 억눌리게 되면 그것을 풀기 위해서 적극적으로 반응한다. 여자들이 스트레스를 해소하는 방법으로는 매우 다양해서 운동을 하거나, 맛있는 음식을 먹거나, 수다를 떤다. 반면에 남자들은 정서적인 스트레스를 해결하거나 억눌린 감정을 해소하는 방법에 무척 서툴다. 그래서 외부로 표현하기보다는 혼자 이겨내려고 한다.

이러한 원인은 과거에 강인하고 무뚝뚝한 남자로 키우려는 사회적 분위기 때문이다. 가장으로서 한 가정을 이끌어 가거나 전쟁에 참여해야 했기 때문이다. 결국 이러한 분위기 속에서 자란 남자들은 점차 성격으로 굳어지게 된다. 그러나 이러한 성격은 과거에 필요한 덕목이었지 현대에서는 더 이상 필요한 성격이 아니다.

점차 성공하는 사람들의 특징이 수다를 잘하는 사람들이라는 것이 사회적으로 보편화되면서 남자들도 수다를 업으로 삼는 사람까지 생겨났다. 수다는 여자가 생물학적으로 더 좋아하지만 남자들도 수다를 즐겨하는 사람들이 늘어나고 있다. 이제 수다는 여성들의 전유물이 아니며 남성들 중에서도 수다의 달인이 나타나기 시작하였다.

만남의 기본은 대화

우리의 인생은 만남의 연속이다. 부모와의 만남에서 시작하여, 또래 집단과의 만남, 선생님과의 만남, 배우자와의 만남, 직장에서 동료나 상사와의 만남, 자녀와의 만남 등 살아가면서 수많은 사람들을 만나게 되고 그들과의 관계 속에서 인생을 살아 나간다.

이렇게 우리는 태어나서 죽을 때까지 사람과의 만남에서 시작하여 만남으로 끝난다고 해도 과언이 아니다. 그렇다면 사람과 사람을 이어주는 연결고리는 무엇인가? 그것은 바로 의사소통, 즉 대화라고 할 수 있다.

영유아기에는 말을 할 줄 모르지만 자신의 의사를 표현하기 위하여 배고픔과 아픔을 몸짓과 소리만으로 의사표시를 한다. 아동기가 되면서 비로소 말을 시작하게 되고 자신의 필요한 요구를 부모나 친구에게 전달한다. 그러나 상대방을 인식할 수 있는 청소년기가 되면서 비로소 의사표현의 방법으로 대화를 시작하게 된다. 사람 사이의 의사표현에는 몸짓과 소리, 말, 대화 등 모든 것으로 가능하다는 것을 알 수 있다.

이처럼 사람은 사회적 동물이기 때문에 사회를 이루고 살아가며 당연히 우리의 삶은 사람과의 만남의 연속이 된다. 오늘날 현대사회에서는 자신이 아무리 능력을 가지고 있어도 인간관계가 부족하면 사회에서 생존하기가 힘들다. 결국 인간관계를 어떻게 하느냐가 성공을 결정하는 중요한 변수가 되었다.

따지고 보면 인간관계는 사람 간의 만남이고 만남은 대화로 이루어졌기 때문에 결국 우리의 삶은 대화의 연속이라고 할 수 있다. 결국 성공적인 인간관계를 원한다면 대화를 잘해야 한다. 실제로 누구나 똑같이 매일 하는 대화지만 어떤 사람은 하는 일마다 술술 잘 풀리는 반면에, 어떤 사람은 인간관계에 갈등이 생기고 하는 일마다 잘못되는 경우가 있다.

대화를 잘하면 모든 일이 다 술술 풀리지만, 대화를 잘못하면

될 일도 꼬이는 경우가 있다. 심지어는 잘되어 가던 일도 수포로 돌아가는 경우가 있다. 대화를 잘하기 위해서는 먼저 내가 하는 말 한마디의 위력이 얼마나 큰 것인지를 알아야 한다. 여기 말 한마디의 위대함을 알려주는 글이 있다.

부주의한 말 한마디가 싸움의 불씨가 되고
잔인한 말 한마디가 삶을 파괴합니다.
쓰디쓴 말 한마디가 증오의 씨를 뿌리고
무례한 말 한마디가 사랑의 불을 끕니다.
무시하는 말 한마디가 고통을 삶의 회의를 주고
저주의 말 한마디가 죽음을 가져오게 합니다.
은혜스런 말 한마디가 길을 평탄하게 하고
힘있는 말 한마디가 희망을 불러일으킵니다.
배려하는 말 한마디가 인생의 의미를 알게 해주고
격려하는 말 한마디가 고마움을 알게 해줍니다.
칭찬하는 말 한마디가 자신감을 주고
양보하는 말 한마디가 존경하는 마음을 갖게 해줍니다.
즐거운 말 한마디가 하루를 빛나게 합니다.
때에 맞는 말 한마디가 긴장을 풀어 주고
사랑의 말 한마디가 축복을 줍니다.

이처럼 우리가 하는 말 한마디는 엄청난 위력을 가지고 있다. 대화를 잘하면 축복이지만 대화를 잘못하면 상대방을 아프게 하거나 죽일 수도 있다는 것을 알고 한 마디 한 마디에 신중을 기해야 한다.

수다 전성시대

우리나라에서는 서구의 풍토와 달리 침묵이 강조되는 사회였다. 그래서 옛말에 '침묵은 금이다', '가만히만 있으면 중간은 간다' 라는 말을 자주 사용하였다. 그래서 침묵만 지키면 2등은 할 수 있지만 섣불리 잘못 말했다간 망신당한다는 의식이 지배하였다. 그러나 요즘 정보화 사회가 되면서 자신을 잘 표현할수록 대우를 받는 세상이 왔다. 자신이 아무리 가진 것이 많아도 말을 잘하지 못하거나 자신에 대한 충분한 표현을 하지 못하면 결국 자신이 가진 재능을 남들에게 보여줄 수 없기 때문이다.

과거는 침묵을 강요하는 시대가 있었으나 지금은 지식정보화 사회가 되면서 사람들 간의 정보교류가 중요한 시대가 된 것이다. 더욱이 방송매체의 급속한 발달과 보급으로 인해서 남의 이야기를 듣고 싶어 하는 욕구가 더욱 강해지고 있다. 그래서 침묵을 지키는 사람보다는 말을 잘하는 사람이 더욱 각광받는 시대가 온 것이다.

이로 인해서 방송매체만을 보더라도 재치 있게 말 잘하는 사람은 늘 인기가 있고 수입도 늘고 있다. 실제로 KBS1, KBS2, MBC, SBS 공영방송에서는 〈힐링캠프〉, 〈현장토크쇼 TAXI〉 등 토크쇼라는 이름으로 다양한 프로그램이 진행되고 있다. 이러한 프로그램이 인기를 얻자 JTBC, MBN, TV조선, 채널A 등 종편 4개사에서도 다양한 토크쇼를 진행하고 있다. 토크쇼 프로그램 현황을 분석해 보면 MBN이 5개(〈황금알〉, 〈엄지의 제왕〉, 〈맛있는 수다〉, 〈동치미〉, 〈보물섬〉)로 가장 많았으며 JTBC(〈닥터의 승부〉, 〈신의 한수〉), TV조선(〈속사정〉, 〈모녀기타〉) 채널A(〈웰컴투 시월드〉, 〈웰컴투 돈월드〉)가 각각 2개씩으로 총 11개 프로그램이 방영되고 있었다.

이러한 토크쇼를 보면 연예인이나 전문가들을 초대해 일정한 주제 혹은 포괄적인 대상을 중심으로 이루어지는 수다 프로그램이다. 토크쇼의 주제는 사람들이 알고 싶어 하는 전문지식, 건강, 음식, 재테크, 여행, 고민, 생각, 상담, 고부갈등, 부부관계, 사는 모

습 등 다양하게 이루어지고 있다. 결국 토크쇼는 주제를 가지고 하는 수다와 같다. 그래서 제목 중에는 앗사리 수다라는 단어를 집어넣은 것도 있을 정도다. 수다와 토크쇼의 차이라면 수다는 일반인들이 하는 것이라면 토크쇼는 인지도가 있는 유명한 사람들이나 연예인들이 나와서 한다는 것이다.

일반인 중에서도 수다를 잘하게 되면 언제든지 매스컴에서 초대를 받게 된다. 현재 최고의 수다꾼으로는 빅마마 이혜정과 지금은 고인이 되었지만 행복전도사라고 하던 최윤희, 건강 전도사 황수관 박사님 등 이외에도 다양한 분들이 있다.

특히 빅마마 이혜정은 평범한 일반인이었다가 수다를 잘하게 됨에 따라 방송에서 경쟁하듯이 초대를 하고 있다. 이혜정은 바쁜 일정만큼이나 찾는 곳이 많아 방송 이외에서도 전국에서 강연을 하고 다니며, 홈쇼핑에서도 인기를 얻고 있다. 이뿐만 아니라 수다를 잘해 책도 내고 베스트셀러 작가가 된 사례도 많다. 결국 수다를 잘하면 유명해지고, 수입도 많아지는 시대가 된 것이다.

수다는 할수록 는다

사람들은 말이나 수다를 잘하는 사람을 보면 "저 사람은 원래부터 그랬을 거야", 또는 "저 사람은 태어날 때부터 말을 잘했을 거야"라는 착각을 가지고 있다. 그러나 이러한 생각은 정말 착각이라는 사실을 알려주는 사례가 있다.

영국인들에게 가장 존경하는 사람을 들라면 아마도 처칠을 꼽을 것이다. 처칠은 해가 지지 않는 대영제국이라는 생각에서 세상의 종주국이라는 거만함 속에 있던 영국에게 커다란 시련을 안겨준 제2차 세계대전을 성공적으로 이끈 수상이었다. 처칠이 전쟁을 승리로 이끈 수상이라는 수식어 뒤에 더욱 놀라운 사실은 노벨문학상을 수상하였다는 사실과 명연설가였다는 것이다. 그러나 처칠은 태어날 때부터 말을 잘하는 사람이 아니라 정말 말을 못해서 문제가 되었던 사람이었다.

처칠의 할아버지가 아일랜드 총독으로 근무할 때 아버지 말버러 공작 7세가 비서로 근무하는 바람에 처칠은 아일랜드에서 어린 시절을 보냈다. 아버지 말버러 공작 7세는 재무장관 및 하원의 보수당 당수를 역임하였으며, 어머니는 뉴욕 타임즈의 최대 주주이자 미국의 부호로 꼽혔던 제롬가의 딸 사이에서 태어났다. 이러한 윈스턴 처칠은 남들이 보기에는 부유한 가정에서 탄탄대로의 인생을 걸었을 것 같이 보인다.

그러나 그는 두 달 일찍 태어난 조산아로서 지능발달이 늦어 학교생활에 적응하지 못하고 장난감 병정놀이에 여념이 없는 어린 시절을 보냈다. 그의 아버지는 항상 처칠을 가문의 수치로 여겼고 이는 어린 처칠에게 많은 상처를 주었다. 그의 아버지가 정신착란이 시작된 이후로는 처칠에게 더욱 심한 폭언을 서슴지 않았고 결국 아버지와 최악의 관계로 치달았을 때 그의 아버지는 숨을 거둔다. 부유한 미국인이었던 그의 어머니 또한 어린 처칠을 돌보기보다는 자신만의 쾌락을 추구하여 좋지 못한 소문을 몰고 다녔다.

게다가 팔삭둥이로 태어난 처칠은 태어날 때부터 몹시 병약하여 어린 시절에는 거의 모든 병을 달고 다녔으며 열한 살 때는 죽음의 문턱까지 다녀왔다. 결국 그는 숨을 거두는 순간까지 여러 가지 병마의 그림자에서 한순간도 벗어나지 못했다. 체격 역시 왜소하기 그지 없었는데, 키는 167cm에 불과했으며, 가슴둘레도 겨우 79cm였기에 그의 체격적 왜소함은 그에게 크나큰 콤플렉스를 가져다주었다. 무엇보다 놀라운 것은 가장 위대한 연설가로 인정받았던 그는 혀가 짧았으며, 몇몇 발음들을 발음하지 못했고 말더듬증도 갖고 있었다. 또한 그는 학창 시절에 학업 성적이 거의 꼴찌였다. 성적이 나빠 대학 진학을 못했으며, 육군사관학교를 지원했지만 두 번 떨어졌으며 세 번째에서야 겨우 합격하였다. 또한 그는 선거전에서 가장 많은 패배를 경험한 정치인으로 기록되어 있다.

그러나 그는 인생을 쉽사리 포기하지 않았다. 그는 짧은 혀로 인하여 발음이 안 되는 단어를 걸을 때마다 항상 연습했으며, 수많은 책을 읽으면서 주옥같은 문장들을 외워 연설에 사용하였으며, 무대공포증을 없애기 위해 웅변 기술을 끊임없이 연습했다. 즉석에서 말하는 것이 서툴렀던 그는 연설하기 전에 미리 원고를 써서 암기하였다. 그는 군에 입대하면서 체력 훈련에 몰두하여 신체적인 허약함을 이겨내려 했으며, 학문에 대한 열등감은 하루 다섯 시간이 넘는 독서와 연구를 통해 자신만의 지식 체계를 이끌어내었다.

그는 자신의 소심한 성격을 이기기 위해 전쟁에 참가해서는 가장 치열한 전투에 자진해서 몸을 던졌다. 그는 제1차 세계대전에서는 해군장관에 임명되어, 영국해군을 이끌고 세계대전에 참전하여 막중한 과업을 달성할 수 있었다. 제2차 세계대전에서는 나치의 위협 아래서도 전 영국인들의 역량을 결집하여 영국을 지켜낼 수 있었다.

그는 이러한 삶의 자세로 영국에서 두 번이나 수상을 지낸 정치가이자 웅변가로 명성을 날렸으며, 바쁜 정치생활 속에서도 많은 강연과 20여 권이나 되는 훌륭한 저서를 집필하여 노벨문학상을 수상했으며, 금세기 최초로 왕족 이외에 '국장'으로 장례를 치룬, 지금까지도 '가장 위대한 영국인'으로 불린다. 그가 이처럼 험난하고 불행했던 어린 시절을 극복하고 영국을 대표하는 대정치가가 되어 전 세계 사람들에게 존경을 받을 수 있었던 것은 자신의 약점과 모자람을 극복하려고 끊임없이 노력했기 때문이다.

처칠의 경우에서 보듯이 말이나 수다를 잘하는 것은 태어나는 것이 아니라 본인의 엄청난 노력의 결과라는 것을 알 수 있다. 여러분도 말을 잘하고 싶으면 노력해보라. 하루에 한 번씩이라도 수다를 잘하는 연습을 한다면 어느새 몰라볼 정도로 변화되어 있는 자신을 발견하게 될 것이다.

수다도 스마트 시대

오늘날 과학기술의 변화에 따라 세상은 엄청난 변화를 하고 있다. 인터넷과 스마트폰의 보급으로 수다는 만나서만 하는 것이 아니라 원격으로도 가능한 시대가 되었다. 수다를 좋아하는 사람에게는 오프라인으로 만나야 하는 시간과 비용을 절약할 수 있어 스마트폰을 이용한 수다를 환영하고 있으며, 효과적으로 사용하고 있다.

원격으로 수다를 가능하게 한 것이 바로 문자였으나 '카카오톡'이 나옴에 따라 폭발적으로 사용자가 증가하고 있다. 사용자 수는 대한민국 사용자와 해외 사용자 수를 합하여 2012년 3월 11일 4,000만 명을 돌파하였다. 카카오톡을 통해 일일 오가는 메시지 개수가 10억 건이 넘었다. 카카오톡은 상대방과 단순한 대화기능 외

에 다양한 기능과 서비스들을 가지고 있다. 카카오톡의 주 기능으로는 상대방에게 메시지, 사진, 동영상, 음성, 연락처를 전송할 수 있고, 친구들과 일정을 만들 수 있다. 카카오톡을 다양한 용도로 사용하고 있지만 수다의 창구로 사용하는 사람도 증가하고 있다.

이뿐만 아니라 140자 이내의 짧은 글을 공유하는 '트위터'는 '페이스북'과 함께 세계에서 가장 유명한 소셜네트워크서비스(SNS: Social Network Service)로 꼽힌다. 2013년 트위터는 현재 사용자가 5억 명 이상으로 추정된다. 이들이 지금껏 전 세계 지인에게 퍼뜨린 글은 1천 700억 건 이상이다.

트위터를 자신의 수다창구로 화용하는 사용자는 2억 명 이상으로 알려졌다. 트위터는 2006년 출범 당시에는 짧은 글을 전하는 '단순함의 매력'으로 주목을 받았지만 점차 사진과 동영상 링크도 공유하는 다용도 서비스로 빠르게 진화했다. 현재는 6초 이하의 반복 동영상을 퍼뜨릴 수 있는 '바인'이라는 서비스도 선보였다.

트위터의 장점은 글을 읽는 독자인 '팔로어'가 생기는데, 이들은 지속적으로 나의 글을 읽어 준다. 지금까지 가장 많은 트위터를 가진 사람은 캐나다 출신 가수 저스틴 비버로 팔로어가 4천 400만여 명이고, 파격적 의상과 공연으로 주목받은 여가수 레이디 가가도 4천만 명이 넘을 정도로 인기가 뜨겁다.

트위터는 수다로 시작하지만 팔로어 수에 따라 여론으로 만들어져 빨리 전파하는 특성 때문에 2011년 '아랍의 봄' 때처럼 세계 각지의 민주화 운동을 가속하는 도구로 사용되기도 한다. 그래서 2011년 한국 헌법재판소는 트위터를 이용한 선거운동을 금지하는 법 조항에 위헌 결정을 내리기도 했다.

트위터가 다수의 사람들에게 자신의 글을 남길 수 있게 됨에 따라 사용자가 증가하자 이와 비슷한 소셜네트워크서비스(SNS)가 여러 개 등장하였다. 그중 '카카오스토리'는 카카오가 개발한 SNS로 선풍적인 인기를 끌고 있다. 모바일 메신저인 카카오톡과 연계된 카카오톡의 친구로 등록된 상대방을 그대로 가져올 수 있으며, 사진이나 메시지 등을 공유할 수 있다. 카카오스토리는 카카오톡에 등록되어 있는 친구들을 전부 친구로 등록할 수 있어서 사용자가 더욱 증가하고 있다. 더욱이 사진을 중심으로 주변인들과 소식을 주고받을 수 있다는 데서 폭발적인 관심을 가져와 우리나라 국민 절반이 카카오스토리를 사용하여 SNS 중에서 가장 애용하는 것이 되었다.

이외에도 SNS는 페이스북이나 미투데이, 인스타, 밴드가 있으며 지속적으로 생겨나고 있다. 앞으로 생겨나는 SNS는 사용자들의 편의성과 공유성에 더욱 초점을 맞추어 만들어지기 때문에 우리의 수다를 더욱 편하게 할 수 있도록 환경을 만들어 줄 것이다.

스마트폰의 보급이 많아질수록 SNS는 우리 사회를 묶어주고 소통시켜 주는 중요한 매개체로 성장하는 만큼 수다를 SNS로 이용하는 사용자도 늘고 있다. 세상의 발전이 빨라질수록 직접 만나서 하는 수다보다는 원격으로 하는 SNS가 더욱 확대될 것이다.

수다를 잘하기 위한 체크 포인트

사람이 혼자만 세상을 살아가야 한다면 수다는 필요가 없을 것이다. 그러나 사람은 사회적 동물이기 때문에 사람과의 관계 없이는 살 수가 없다. 따라서 사람과의 수다는 피할 수 없는 것이다.

매일 수다를 한다고 해서 모두가 수다를 잘하는 것은 아니다. 매일 수다를 하면서도 수다를 잘 못하는 것은 수다의 원리를 이해하지 못하기 때문이다. 수다의 원리를 알고 수다를 잘하는 노하우를 배우면 자연스럽게 수다의 달인이 되는 것이다. 수다의 달인이 되면 누구나 만나고 싶어 하는 사람이 되며, 누구나 같이 대화를 하고 싶은 사람이 된다.

수다를 잘하는 사람들의 특징은 자신의 수다가 상대방에게 어떤 영향을 미칠 것인가를 고려하며 수다를 한다. 수다를 잘하기 위해서는 수다를 하기 전에 다음과 같은 질문을 자신에게 던져 보면 확실히 효과가 있다.

상대방의 수다는 어떤 의도에서 말하고 있는 걸까?

상대방은 나의 수다에 대하여 동의하고 있는 걸까?

상대방과 수다를 하는 목적은 무엇일까?

상대방을 어떻게 하면 편안하게 할 수 있는가?

상대방이 나를 받아들이는 데 장애물은 무엇일까?

상대방의 수다에서 내가 동의하고 있는 것은 무엇일까?

상대방의 수다가 나의 수다의도를 정확히 이해하고 있는 걸까?

상대방에게 내가 하면 좋아하는 수다는 무엇일까?

상대방의 수다에서 내가 아는 것과 모르는 것은 무엇일까?

상대방의 수다에서 내가 알아야 하는 것은 무엇일까?

상대방에게 신뢰감을 얻으려면 어떻게 수다를 시작해야 할까?

상대방이 내가 원하는 목표에 도달하게 하려면 어떻게 해야 할까?

상대방이 나의 수다에 동조하게 하려면 어떻게 말을 해야 할까?

상대방은 내가 하는 수다가 부담은 되지 않을까?

내가 원하는 방향으로 수다가 진행되고 있을까?

내가 수다를 끝냈을 때 어떤 결과가 나올까?

이상과 같은 질문들을 수다 도중에 고려하면서 수다를 한다면 자연스럽게 수다의 달인이 될 것이다.

나의 수다능력은?

수다를 잘하기 위해서는 우선 나의 수다능력이 어느 정도인지 알아야 한다. 그래야 어느 부분이 약한지를 파악해 부족한 부분을 보완해갈 수 있음은 두말할 필요가 없다. 자신의 수다능력을 파악할 수 있는 것이 아래에 있는 수다능력 자가진단지를 통해서 알 수 있다.

수다능력 자가진단지를 읽으면서 자기에게 해당하는 것에 '○' 표시한다.

〈수다능력 자가진단지〉

수다능력 자가진단항목	점수				
	5	4	3	2	1
1. 나는 수다를 시작하기 전에 무슨 말부터 할 것인지를 결정하고 한다.					
2. 나는 상대의 말을 한번 들을 때 정확하게 이해하는 편이다.					
3. 나는 말을 할 때 정확히 하는 편이다.					
4. 나는 들을 때 핵심내용을 파악하려고 애를 쓴다.					
5. 나는 상대의 얘기를 들을 때는 귀 기울여 듣는 편이다.					
6. 의견이 맞지 않으면 상대방의 말뜻을 먼저 파악하려고 애쓴다.					
7. 나는 상대방의 말을 끝까지 듣고 대답한다.					
8. 상대의 속사정을 잘 이해하는 편이다.					
9. 상대의 이야기 중에 틀린 부분을 대체로 지적하지 않는 편이다.					

10. 다음 말을 잇기 위해 신중히 생각한다.					
11. 나는 수다할 때 상대방의 눈을 쳐다보며 수다한다.					
12. 내가 잘 이해할 수 없는 말에는 자세히 이야기해 달라고 요청한다.					
13. 내가 하고 싶은 이야기보다 상대방이 하고 싶은 이야기에 더 귀 기울인다.					
14. 상대가 하는 말이 잘 아는 내용이라도 끝까지 잘 듣는다.					
15. 나는 수다와 관련이 없는 말이라고 생각할지라도, 상대의 말에 초점을 잃지 않는다.					
16. 나는 상대가 말을 마치기 전에 그가 무엇에 관심을 갖고 있는지 예상한다.					
17. 만일 내가 상대에게 그가 말한 것을 다시 하거나 분명하게 해 줄 것을 요청한다면, 그것은 내가 제대로 수다하지 않았다는 것을 보여주는 것이다.					
18. 나는 상대와 잘 통하기 때문에 종종 상대의 말을 내가 대신 마무리 지어준다.					
19. 나는 상대가 말하려고 하는 것을 이미 알고 있다면, 수다의 신속한 진행을 위해 말을 중단시킨다.					
20. 나는 상대가 나의 의견과 반대되는 정보를 제시해도 계속 수다할 수 있다.					

모두 표시했으면, '○'이라고 답한 것에 점수를 곱해서 합친다. 90점 이상이면 수다능력이 대단히 우수하며, 80점이면 뛰어나고, 70점이면 평균 이상이다. 60점이면 평균이다. 그리고 60점 이하이면 수다를 잘하기 위한 훈련이 반드시 필요하다.

수다능력이 부족하면, 먼저 상대방을 배려하는 마음의 자세와 기본적인 듣기 연습을 먼저 해야만 한다.

서로 다른 습관과 생각을 가진 타인과 만나서 서로의 마음을 이해하고 배려한다는 것은 그리 쉬운 일이 아니다. 수다능력을 높이면 상대방의 말과 마음에 귀 기울이게 되어 마찰을 피하는 것은 물론 이해의 폭이 넓어져 보다 성숙한 관계가 될 수 있을 것이다.

제2장

수다는 왜 하는가?

입은 남자에게는 영혼의 출입구와 같으며,
여자에게는 마음의 출구와 같다.

비어스

정보를 알려준다

수다의 가장 중요한 기능은 바로 화자와 상대방 간의 생각과 정보의 교환에 의한 정보 획득의 기능이다. 정보나 생각을 교환하는 데 수다만큼 좋은 도구가 없을뿐더러 전달할 정보가 없이는 수다가 제대로 이루어질 수 없다.

일상에서 정보와 데이터는 거의 같은 의미로 쓰이나 엄격하게는 다른 의미를 가지고 있다. 자료는 영어로는 데이터(data)라는 말로 사용하며, 원래는 '주다'라는 의미를 가진 라틴어의 do, dare에서 유래한 것이다. 자료라는 것은 생활에서 관찰이나 측정을 통해 얻을 수 있는 문자나 그림 숫자 등의 값을 뜻한다. 예를 들어 이름, 나이, 주소, 취미, 생일, 키 등과 같은 각각의 값들을 자료라 한다. 따라서 자료는 수다에 사용되기보다는 말을 하는 데 소재로 사용할 수 있다.

정보는 영어로는 "형식을 주다(give form to)"라는 의미를 주는 라틴어의 informo, informare에서 유래한 것이다. 정보는 자료를 어떤 주제에 맞게 가공하고 처리해서 얻은 결과로서 실용성이 있는 자료의 모음을 뜻한다. 이때 정보는 자료와는 달리 일정한 의미를 포함한다. 쉽게 말하면 자료는 산재해 있는 사실이지만 정보는 내게 필요한 것이다.

수다를 의미있는 수다로 만들려면 자료를 정보로 변환시키는 능력이 높아야 한다. 널려 있는 자료를 유용한 정보로 변환하여 수다하는 방법은 다음과 같다.

첫째는 수다 중에 주어진 문제를 해결하는 데 도움이 될 수 있는 자료를 선택하여 관련이 없는 부적절한 자료를 제거하여 수다에 활용하는 방법이다. 즉 좋은 정보를 나누는 수다가 되기 위해서는 자료 중에서 필요한 것만을 추출해서 유효적절하게 구성을 잘 해야 한다.

둘째는 여러 곳에 산재해 있는 자료를 보다 유용하게 사용하기 위해서 종합하거나 요약하여 사용하는 것이다. 즉 수다 중 상대방이 정보를 인식하게 하기 위해서는 자료를 종합하거나 요약을 잘 해서 전달해야 한다.

셋째는 정보를 이해하기 쉬운 형태로 바꾸어 표현하는 것이다. 즉 상대방이 오해하지 않고 이해를 정확히 하기 위해서 정확하게 설명하거나 쉽게 이해되도록 해야 한다.

수다에서 정보의 제공 및 획득은 가장 기본적인 것이며, 서로에게 도움이 되어야 한다. 그러나 수다를 통해 주고 받는 정보는 화자와 상대방에게 공통적으로 생각과 정보의 교환 및 획득기능을 수행하지만 화자와 상대방에 따라서 정보의 수준에 차이가 생기기도 한다.

수다를 통한 정보의 제공에 있어서 화자는 상대방의 수준이나 환경에 대한 배려가 많을수록 수다가 효과적으로 이루어 질 수 있다. 즉 상대방의 학력, 경제적 배경, 지식의 보유량 등에 따라서 화자는 그에 맞는 정보를 제공해야 하며, 정보 제공을 요구해야 한다. 만약 상대방의 개인적 배경을 무시한다면 화자가 제공하는 정보가 필요 없는 정보가 되어 결국에는 수다 자체가 의미가 없어질 수 있다.

예를 든다면 상대방이 기본적인 지식 배경이 없는 상태에서 너무 고급 정보를 제공해도 화자에게는 이해하기 힘들거나 필요하지 않은 정보가 되기 때문에 순조로운 수다가 진행되기 어렵다. 이처럼 화자와 상대방은 수다를 통하여 서로 정보를 교환하면서 몰랐던 정보들을 얻는 용도로 사용한다.

고민이나 문제를 해결해 준다

사람은 누구나 살아가면서 고민을 다 가지고 있다. 남들이 보면 대수롭지도 않은 고민에서부터 죽고 사는 문제까지 고민은 다양하다. 사람들은 항상 자기가 가진 문제가 제일 크고 내 괴로움이 제일 크다고 생각한다. 때로는 남들로부터 부러움의 대상이 될 정도로 행복하다고 생각되는 사람도 개인적으로 고민을 가지고 있다. 남들이 보면 대수롭지 않은 문제도 본인에게는 깊은 고민에 빠지게 만들기도 한다. 하지만 우리가 그 문제를 스스로 해결하기 어려운 이유는 그것을 정면으로 부딪쳐 문제를 해결하려 하기보다는 회피하거나 다른 사람의 도움으로 해결하려는 성향이 강하기 때문이다. 그래서 사람들은 이러한 고민을 혼자 가지고 살기보다는 사람들과의 수다를 통해 위로받고 싶고, 해결책을 찾고 싶어 한다.

맺힌 것을 풀고 막힌 것을 뚫는 데 수다보다 좋은 처방전은 없다. 실제로 수다를 자주 떠는 사람들은 가슴이 답답할 때나 화나는 일이 있을 때 편한 사람들과 마음이 통하는 사람들과 함께 수다를 나누면 정말 가슴이 뻥 뚫리는 것을 느낀다고 한다. 거기다 같이 맞장구쳐주고 공감해 주는 사람이 있다면 이것만으로 너무 행복한 일이 된다.

사람들은 수다를 통해서 도움을 필요로 하는 사람과 도움을 줄 수 있는 사람 사이에 마음을 주고받으며 자신이 가지고 있는 문

제를 해결해 가거나 마음적인 위안을 얻게 된다. 문제를 해결해 나가는 데는 어떤 원칙이 있는 것은 아니다. 또한 수다 자체가 개인적인 특성을 바탕으로 두고 있기 때문에 정형화된 방법이 있는 것도 아니다. 다만 고민을 듣고 수다를 통해 문제를 해결하기 위해서는 먼저 공감대를 형성해야 한다.

처음 만나 서로를 잘 모르는 사람이라면 상대방의 신상에 대하여 스스로 이야기 할 수 있도록 자연스럽게 말문을 열게 한다. 그리고 고민이 무엇인지 들어본다. 이때 잘 듣지 않으면, 화자가 말하는 사실을 왜곡하여 들을 가능성이 생길 수 있으므로 진지하게 들어야 한다.

이 단계에서 화자는 상대방의 감정 표현을 촉진시키고 제시된 문제를 구체적으로 정의할 수 있도록 수다를 유도해야 한다. 아울러 그 문제에 엉킨 상대방의 감정 및 생각을 탐색하고 정리할 수 있게 한다. 그러나 문제가 무엇인지 파악하는 것은 그리 쉽지 않다. 상대방은 자신의 이야기를 하면서도 자신의 문제가 무엇인지 파악하지 못한다. 따라서 화자는 상대방의 수다 속에서 문제가 무엇인지, 그가 속한 신체적, 물리적 환경은 어떠한지, 상대방의 심리 · 지적 · 기능적 발달수준, 대인관계 수준은 어느 정도인지, 가족 및 기타 환경은 어떤지, 상대방의 수다에 대한 기대와 동기는 어느 정도인지를 정확히 알아야 명쾌한 수다가 이루어질 수 있다.

그리고 문제를 파악했다면 문제를 해결하는 방법을 알려준다. 그러나 상황을 속단해서 쉽게 해결책을 제시하는 것은 피하는 것이 좋다. 왜냐하면 상대방의 문제는 하루 이틀에 생겨난 것이 아니라 그의 삶 속에서 단련된 사고방식이나 행동 형태이기 때문에 화자의 수다가 쉽게 받아들여질 수 없기 때문이다.

상대방이 가지고 있는 문제를 가장 쉽게 해결하는 방법은 경청을 잘 해주고, 수리를 하는 중에 스스로 해결방법을 찾을 수 있도록 수다를 유도하는 것이 좋다.

감정전달에 사용한다

감정은 개인적으로 어떤 현상이나 사건을 접했을 때 마음에서 일어나는 느낌이나 기분을 말한다. 사람은 자신의 감정을 표현하려는 욕구를 가지고 있다. 그래서 감동적인 것을 봤을 때 감동을 느끼고, 즐거울 때 기쁨을 표현하며, 슬플 때는 슬픈 감정을 표현하고 화가 날 때는 분노를 표현하려고 한다.

만약에 감정을 제대로 표현하지 못하면 여러 가지 심리적인 문제가 생기게 된다. 자신의 감정을 제대로 표현하지 못하는 것에 대해서 자각하지 못하고 있는 경우도 많고, 자각을 해도 스스로 표현을 해내는 데에 굉장히 무뎌져 있기 때문에 큰 문제가 아니라고 생각하는 경우가 많다. 그러나 자신의 감정을 제대로 표현하지 못하게 되면 신체적 또는 정신적 장애, 스트레스 등이 나타나게 된다. 심한 경우에는 감정표현 불능증에 걸리게 된다.

감정표현 불능증에 걸린 사람들은 중요하지 않은 일을 사건과 상황, 시간 등으로 장황하고 자세하게 설명하려 하고 오히려 정확한 순서를 따라야 하는 일이나 삶 속의 사건들은 단조롭게 설명하는 경향이 있다. 감정표현 불능증에 걸린 사람들은 자신의 감정을 표현하는 것이 미숙하며 여러 가지 질환과 고통을 경험하게 된다. 심지어는 이러한 문제를 해결하기 위해서 약물치료를 해야만 해결되기도 한다.

누군가에게 자신의 감정을 솔직하게 표현하고 해소할 수 있다는 것은 매우 중요한 것이지만, 실제적으로 감정표현을 쉽게 할 수 있는 경우는 매우 드물다. 실제로 매일 같이 살고 오랫동안 정이 들어 있는 부부간에도 자신의 감정을 솔직하게 표현하지 못하고, 다른 사람의 감정은 신경쓰지 않은 채, 자신의 감정만 주장하다 보니 부부가 싸우거나 이혼을 하게 된다.

사람들이 가지고 있는 감정표현의 욕구는 자연스럽게 수다로 표출된다. 수다는 화자와 상대방이 서로 자신의 감정을 전달하는데 유용하게 사용되기 때문이다. 특히 상대방을 설득하거나, 좌절한 상대방에게 용기와 희망을 주거나, 상대방과의 관계를 더욱 돈독하게 유지하거나, 분열과 불화를 뛰어넘어 단합과 친목을 도모하는 것도 수다를 통해서 가능하다. 그러므로 수다는 상대방의 감정을 들어주고 이해해 줌으로써 사람들의 삶을 풍성하고 아름답게 만들어 준다. 특히 자신의 감정전달은 상대방과의 관계 형성에 있어 활력소가 되기도 한다.

그러나 감정전달은 아무 것이나 하는 것이 아니라 상대방에게 부담이 되지 않는 선에서 감정을 전달해야 한다. 상대방의 상황이나 받아들여 줄지에 대한 고려를 하지 않고 너무 솔직한 감정전달을 하게 되면 상대방은 곤란해질 수 있다. 예를 들어 상대방이 좋은 감정을 가지고 있지도 않은데 사랑한다는 표현은 오히려 감정전달을 잘못하게 되어 역효과를 가져오게 한다.

스트레스를 해소한다

오늘날과 같이 너무나 빠르게 변화하고, 개방적이고, 투명한 사회를 살아가노라면 각종 스트레스에 휩싸이게 된다. 스트레스는 어떤 일이나 사건으로 인해 정신적 · 신체적으로 흥분상태가 지속되는 것을 말한다. 스트레스가 신체적으로만 일어나는 것이 아니라 정신적으로도 일어나게 된다는 것이다.

우리 옛말에 "기가 막혀 죽겠네"라는 말이 있다. 이 말은 바로 스트레스를 받아서 죽겠다는 말과 같은 의미이다. 실제로 스트레스를 받게 되면 맥이 꽉 막혀 소화도 잘 되지 않고 두통도 생기며 가슴이 답답해지고 머리에 혈압이 올라 뇌졸중으로 사망하기도 한다. 결국 스트레스를 받으면 기가 막히고 죽음에 이르게 된다는 말이다.

실제로 외부의 자극에 대해 자신이 감당할 능력이 약화되거나 이러한 상태에 장기간 반복적으로 노출되면 스트레스는 만성화되어 정서적으로 불안과 갈등을 일으키고, 자율신경계의 지속적인 긴장을 초래하여 정신적 · 신체적인 기능장애나 질병을 유발시킨다. 특히 노이로제 또는 심신장애의 병적인 증상이 진행되거나 악화되어 온갖 장애와 만성질환에 걸리게 된다.

또한 스트레스는 어느 한 시기에만 나타나는 것이 아니라 인간의 전 생애에 걸쳐 나타난다. 특히 중년기에는 심장병, 위궤양, 고혈압, 당뇨병 등 성인병의 원인으로 작용하고, 노년기에는 신경증, 심신증 등을 초래해서 우울하게 만든다.

결국 스트레스는 면역계, 내분비계, 심혈관계에 나쁜 영향을 미쳐 질병을 일으키고 노화를 촉진시킨다. 그뿐만 아니라 만성 스트레스는 암, 심장병, 뇌졸중, 위염, 위궤양의 위험인자인 동시에 심근경색으로 인한 돌연사의 원인이 되기도 한다.

따라서 누구든지 스트레스를 피해서 살 수 없으므로, 평생 스트레스의 도전을 받을 각오를 하고 이에 따라 스트레스를 이겨내고 다스리기 위해서는 적당히 스트레스에 익숙해지도록 노력해야 하며 스트레스를 즐겁게 받아들이려는 마음가짐이 중요하다.

스트레스가 일어나는 원인은 매우 다양하다. 흔히 직장에서는 일이 잘 풀리지 않거나, 상급자로부터 심한 질책을 받거나, 동료들과 갈등이 일어나거나, 원하는 일이 잘 안되는 경우가 있다. 가정에서는 자기 배우자나 자녀들과의 갈등과 다툼이 있으며, 일상생활의 단조로운 반복에서 오는 경우도 있다. 이외에도 수도 없이 다양한 환경과 상황에서 스트레스를 받게 된다.

사람에게 있어 스트레스는 정서적으로 불안과 갈등을 일으키고, 자율신경계의 지속적인 긴장을 초래하여 정신적 · 신체적 기능장애나 질병을 유발시킨다. 특히 노이로제 또는 심신장애의 병적 증상이 진행하거나 악화되어 온갖 장애와 만성질환에 걸리게 된다.

또한 스트레스가 심해지면 심장병, 위궤양, 고혈압, 당뇨병 등 성인병의 원인으로 작용하고, 노년기에는 신경증, 심신증 등을 초래해서 우울하게 만든다. 나아가 지속적으로 스트레스를 받게 되면 인격의 왜곡이나 변화, 부정적인 대인관계, 의욕상실 등의 부적절한 일상생활을 하게 된다.

스트레스를 해소하는 데 가장 쉽게 접근할 수 있는 방법 중에 하나가 수다를 통해 스트레스를 해소하는 방법이다. 가끔 자신이 스트레스에 쌓여 있다가 주변의 친구나 애인, 배우자에게 자신의 이야기를 하다보면 자연스럽게 몰입하게 되고 자기를 이해해 줄 것 같은 생각에 마음이 긍정적으로 변하게 되며, 이야기를 하면서 에너지를 소비하게 됨에 따라 스트레스가 해소된다. 이러한 이유로 주부들이 즐겨하는 수다는 또 하나의 스트레스 해소방법이 되기도 한다. 수다는 굳이 스트레스 해소방법으로만이 아니라 자연스럽게 수다 도중에 자신의 현재 상황이나 문제를 스스로 찾아낼 수 있도록 도움을 주어 스트레스를 근본적으로 해소할 수 있는 유익한 방법이 되기도 하다.

좋은 인간관계를 만들어 준다

사회생활은 인간관계의 시작이다.

사람 사는 세상을 인간(人間)이라 한 것은 사람들 사이에 적당한 거리가 있음을 의미한다. 그 거리가 멀고 가까운 정도에 따라 소원하고 친밀한 관계가 형성된다. 우리는 그런 관계를 인간관계 또는 인맥이라 하고 서양 사람들은 휴먼 릴레이션(human relation)이라고 한다. 인간관계가 개인이 지닌 능력 이상의 힘을 발휘하여 세상살이의 성패를 좌우할 때가 많다.

미국 카네기 멜론 대학에서 흥미로운 조사결과를 발표한 적이 있다. 사회적으로 성공한 사람들 10,000명을 대상으로 성공의 비결을 물어보았다. 그런데 종래의 성공조건이라 믿어왔던 지적 능력이나 재능이 성공에 미치는 영향은 불과 15%에 지나지 않았으며, 나머지 85%의 성공요인은 바로 인간관계였다는 것이다. 조사결과를 정리하면 아무리 지적 능력과 재능이 뛰어나다 하더라도 인간관계에 대한 능력이 부족하면 성공을 이루기가 어렵다는 결론을 얻을 수 있다.

인간관계를 잘 유지하는 것은 쉬운 일이 아니다. 겉으로 아무 일 없는 듯 좋은 관계를 유지하고 있다 하더라도 한순간의 실수와 잘못으로 서로 상처를 주고 그것을 풀지 못해서 관계가 악화되기도 하기 때문이다. 인간관계에는 상사나 부하직원과의 관계, 자식이나 부모와의 관계, 남편이나 애인과의 관계, 친구 관계, 자녀와의 관계 등 수많은 관계가 있다.

인간관계를 맺는 기본적인 방법은 수다로부터 시작하고 인간관계를 좋게 하는 것도 수다만큼 중요한 것은 없다. 처음 만나서 첫인상 중에서 중요한 것은 외모도 중요하지만 그 사람이 하는 수다 방법에 따라 마음을 열건지를 결정하게 된다. 그리고 수다를 통해서 사람들은 서로의 인격과 성품을 알 수 있게 된다. 결국 인간관계에서 잘 다듬어진 수다를 하는 것은 나 자신을 높일 뿐만 아니라, 수다 중 상대와 친해지는 데 효과적이다.

수다를 통해 좀 더 친숙한 인간관계로 발전할 수 있고, 수다로 인해 인간관계가 악화되는 경우도 많다. 속담 중에서 수다의 중요성에 대한 것들이 많다. 예를 들면 "가는 말이 고와야 오는 말이 곱다", "말이 고마우면 비지 사러 갔다 두부 사온다", "말 한마디로 천냥 빚 갚는다" 등 결국 수다를 잘하면 인간관계가 잘 이루어진다는 것을 말한다.

어떻게 수다를 해야 좀 더 나은 인간관계를 맺을 수 있을까? 우선 상대방을 배려하는 마음이 기본이 되어야 한다. 이것을 보통 매너라고 부르기도 한다. 대부분의 사람들은 상대방이 자기 말에 귀 기울여 주기를 바란다. 따라서 대화를 할 때 상대방의 말을 끝까지 잘 들어주어야 한다.

수다를 통해 우리는 얽히거나 상했던 인간관계를 잘 풀 수도 있다. 그러기 위해서는 먼저 상대방의 입장을 고려해 보고 말을 꺼내는 습관이 필요하다.

결국 수다는 좋은 인간관계를 맺는 방법을 배워 사회성이 좋은 사람으로 생활할 수 있게 해 준다.

설득하는 데 사용한다

설득이란 자신의 의견이나 사고에 상대가 찬성하도록 하거나 지지하도록 하거나 또는 적극적인 반대가 없도록 하거나 아니면 자신이 뜻하는 행동이나 동작을 상대가 행하도록 하는 것이다. 곧 설득은 자신의 개성 있는 지식이나 정보를 상대에게 납득시키는 것이다. 즉 설득은 잘 설명하거나 타이르거나 해서 납득시키는 것으로 논거를 중심으로 구성해서 상대를 납득시키는 것이다.

미국에서 최고의 명사회자를 꼽으라면 '오프라 윈프리'를 꼽을 것이다. 그녀를 모르는 사람은 미국엔 없다고 할 정도로 유명한 사회자이다. 오프라 윈프리는 최고의 시청률을 기록한 '오프라 윈프리 쇼'의 사회자이고 흑인 중에서 가장 성공한 사람으로 꼽고 있다. 그녀는 흑인으로서 매우 가난한 성장환경을 가지고 있으며, 마약 중독에 미혼모의 경험을 가지고 있다. 그러한 그녀가 도저히 생각하기도 어려운 최고의 존경을 받는 명사회자가 된 것이다.

그녀의 성공요인을 보면 그녀는 어려운 성장환경을 극복해야 하겠다는 생각에 많은 책을 읽었고, 책을 통해서 다른 사람들의 삶에 대해서 배우고 자신의 꿈을 키워 갔다. 그녀는 독서를 통해 자기가 살던 세상과 다른 새로운 세상의 말들을 배우게 되었고, 나아가 수다를 잘하는 요령을 알게 되었다. 말 중에서도 수다능력이 뛰어난 오프라 윈프리는 자신의 노력 덕분에 말을 잘하게 되었으며, 이를 바탕으로 남들을 설득하는 데 남들보다 탁월한 재주를 가지고 있다.

오프라 윈프리는 자신의 "북클럽"이란 프로그램을 통해 책을 소개하는데, 그녀가 소개한 책은 바로 다음날부터 날개 돋힌 듯이 팔려 베스트셀러로 만들어 버릴 정도로 막강한 설득력을 가진 설득의 귀재이고 스피치의 대가이다.

오프라 윈프리가 성공한 요인들을 보면 여러 가지 요인이 있었지만 특히나 그녀는 성공한 사람이 드러내기 쉬운 거만함을 절대 드러내지 않았으며, 그녀가 겪어온 아픔을 절대 잊지 않고 있다는 태도를 보이며, 아무리 어려운 사람에게도 힘을 잃지 않도록 노력하였다. 또한 아무리 어려워도 그것을 이겨낼 수 있는 비결이 있음을 제시하며 긍정적인 수다로 이끌었으며, 재미있는 일을 발을 동동 구르며 웃고 슬픈 일을 얘기하는 사람과는 함께 눈물을 흘리며 감정을 표현함으로 인해서 어려운 사람들의 마음들의 마음의 문을 설득이라는 열쇠로 열었다.

오프라 윈프리는 상대방의 설득을 얻어 내기 위한 방법으로 다음과 같은 다섯 가지를 들었다. 첫째, 항상 진솔한 자세로 말하여 상대방의 마음을 열어야 한다. 둘째, 아픔을 함께 하는 자세로 말하여 상대방의 공감을 얻어야 한다. 셋째, 항상 긍정적으로 말한다. 넷째, 사랑스럽고 따뜻한 표정으로 말한다. 다섯째, 말할 때는 상대방을 위한다는 생각으로 정성을 들여 말해야 한다. 오프라 윈프리는 바위 같은 고집쟁이도 정성을 다해 말하면 꼼짝없이 마음의 문을 열고 설득당할 것이라고 하였다.

즐거움을 준다

수다를 하면 즐거워진다. 특히 수다에 유머를 사용하면 즐거운 분위기를 조성하고 상대방을 유쾌하게 만들 수 있다. 아무리 언변이 좋은 사람이라고 유머의 힘을 알지 못한다면 수다는 그저 공허하나 딱딱한 수다에 지나지 않을 것이다. 그만큼 수다 속의 유머는 대인관계를 원만하게 이끄는 윤활유가 된다.

유머라는 것은 기본적으로 사람들로 하여금 웃음을 자아내게 하고, 그런 편안한 상태에서 수다할 때 서로 친밀감을 느낀다. 유머는 또한 사람들과의 관계를 돈독하게 해줄 뿐만 아니라 긍정적인 사고를 하게 하는 구심점을 이룬다.

요즘 방송에서 소위 잘나간다고 하는 사람들을 보면 한결같이 '웃기는' 사람들이 많다. 이들은 웃음의 강도와 방법에는 조금씩 차이가 있지만 모두 재미있는 수다로 인기를 모으고 있는 점에서 닮은꼴이다. 근엄한 표정과 딱딱한 어조로 자신의 전문 분야를 주제로 수다를 하면 아무도 들어주지 않을 것이다.

수다로 인기를 끌고 있는 사람들의 비결은 말할 것도 없이 각자 특유의 유머에 있다.

유머는 마음을 즐겁게 하거나 웃음을 일으키는 의사소통 · 익살 · 농담 · 해학이라고도 한다. 이는 본래 고대 그리스 이후 서유

럽의 고전 의학 용어로서 체액(體液)을 뜻하는 후모르(humor)라는 라틴어에서 유래되었다. 사람이 모이는 인기있는 사람들을 보면 전부 나름대로 독특한 캐릭터를 가지고 수다를 재미있게 하는 사람들이 많다는 것을 알 수 있다. 이들은 수다 도중 독특한 억양이나 몸짓, 유머를 통해 상대방에게 즐거움을 준다. 심지어는 수다 내내 생글생글하고 익살이나 개그가 넘쳐흐른다. 그러나 유머가 긴장감을 해소시키고 분위기를 집중하는 데 큰 효과를 발휘하기는 하지만 너무 많은 유머를 남발하거나 웃기려고만 하면 수다의 질을 떨어뜨리거나 상대방에게 불쾌감을 줄 수 있다.

유머감각을 키우는 노하우

- 재미있는 유머의 예를 기억해 둔다. 남에게 들은 이야기 중에 매우 유익한 것이 있으면 적어서 수다에 사용한다.
- 무거운 유머보다는 가볍게 할 수 있는 유머로 준비한다.
- 책이나 인터넷에서 유머와 관련된 자료를 찾아서 자기에게 필요한 정보를 모아둔다.
- 유머를 했을 때 상대방이 원하는 기대에서 어긋났을 때나 의외의 반응을 나타냈을 때에 대비하여 적절한 반응을 준비하여야 한다.
- 사물에 대한 관찰력과 통찰력을 예리하게 기르고 다른 각도에서 설명하는 습관을 기른다.

제3장

수다의 달인들에게 배우는 수다 노하우

이숙영 아나운서가 권하는 수다의 기술

1. 먼저 말하지 말고 들으라.
2. 눈을 마주치고 정성껏 귀를 기울이라.
3. 웃는 얼굴로 맞장구치라.
4. 겸손을 무기로 삼아 상대방의 마음을 열라.
5. 적절한 칭찬으로 상대방을 무장 해제시키라.
6. 나를 제물로 삼아 상대방을 웃기라.
7. 수다 중 모르는 것은 모른다고 하라.
8. 가까운 사이일수록 존중하라.
9. 중언부언하지 말고 요점만 말하라.
10. 책과 신문을 통해 다양한 목소리를 들으라.

이금희 – 편안한 것이 통하게 한다

말은 잘 못해도 수다는 잘할 수 있다? 참 아이러니한 말이 아닐 수 없다. 그러나 실제로는 말은 잘 못하면서도 사람들의 마음의 문을 열고 원하는 결과를 얻어 내는 사람들이 주변에는 많다. 이들의 특징을 보면 특별히 말을 많이 하기보다는 편안한 분위기에서 경청하는 기술이 뛰어났기 때문이다. 실제로 편안함 하나로 인기를 한 몸에 받고 있는 사람이 있다. 바로 〈아침마당〉을 진행하고 있는 이금희 아나운서이다.

이금희를 표현하는 수식어로는 '배려의 여왕', '최고의 맏며느릿감', '말을 가장 잘 들어주는 아나운서', '편안한 아나운서', '편안한 목소리를 가진 아나운서', '가장 신뢰하는 언론인' 등으로 불리고 있다. 결국 이금희 아나운서에 대한 대표적인 느낌은 편안함으로 다가온다는 것이다.

이금희는 숙명여자대학교 정치외교학과를 졸업하고, 연세대학교 언론홍보대학원 언론학 석사를 마친 방송인으로 1989년에 공채 아나운서로 KBS에 입사하였다. 이후 KBS 제2 FM의 〈우리들의 노래〉를 시작으로 〈6시 내고향〉 등을 진행하였으며, 현재는 KBS의 대표 프로그램 중에서 시청자들에게 영향력이 제일 큰 〈아침마당〉을 진행하고 있다.

〈아침마당〉은 초기에 이계진 전 한나라당 의원이 단독진행하다가 1992년부터 이상벽 아나운서와 정은아 아나운서가 진행하였다. 이후 정은아 아나운서가 그만두고 1998년부터 이상벽 아나운서와 이금희 아나운서가 진행하게 되었다. 이후 남자 아나운서는 손범수, 김재원 등이 같이 진행하다가 지금은 윤인구 아나운서와 진행하고 있다.

이금희가 지속적인 진행을 유지할 수 있었던 비결은 프로그램에서 깔끔한 진행과 정감 어린 목소리로 시청자들에게 편안한 분위기를 주어 사랑을 한 몸에 받았기 때문이다. 이금희에 대해서 일부에서는 촌스러운 아나운서라는 말도 하지만 그만큼 어느 누가 보아도 쉽게 만날 수 있는 편한 분위기를 가지고 있기 때문일 것이다. 그녀는 『나는 튀고 싶지 않다』라는 책을 쓸 정도로 편안한 분위기를 좋아한다. 그래서 그런지 이금희는 다른 방송 매체와 인터뷰하는 것을 극히 자제하고 일회성 특집방송에 노출되는 것을 원하지 않고 있어 알려진 것이 별로 없기도 하다.

이금희는 편안한 분위기를 가지고 있어서 그런지 남녀노소 골고루 누구에게나 호감을 준다. 그녀가 인터뷰하는 모습을 보면 마치 그녀의 인터뷰는 상대방을 빨아들이는 스펀지를 연상케 한다.

초대 손님들은 하나같이 매체에 처음 출연하지만 이금희의 질문에 대하여 TV라는 매체를 인식하지 않고 아주 편안하게 수다가 이루어진다.

이금희가 출연자들과 인터뷰할 때를 유심히 보면 유독 "얼마나 힘드셨어요?", "그러게 말이에요"라는 말을 많이 사용한다. 이러한 단어는 출연자들에게 진정으로 공감해주는 듯한 느낌을 받게 하여 그들의 마음의 문을 열게 한다.

그녀가 이처럼 사람들에게 편안하게 수다를 시키는 방법을 분석해보면 상대의 말을 온몸으로 경청하는 듯한 표정과, 상대의 기쁜 감정, 슬픈 감정을 그대로 받아들여 공감하고 있다는 것을 나타내기 때문이다. 그녀는 출연자들과 눈을 맞추면서 출연자들의 말에 고개를 끄덕이는 모습을 보여준다. 그리고 상황이 어려운 이들이 출연하여 눈물을 흘리면 금세 이금희도 눈가가 젖어 있는 것을 볼 수 있다. 이러한 모습에 출연자들은 더욱 자신을 알아주고 공감해주는 이금희에게 마음을 다 터놓고 말하고 싶은 충동을 느끼고 자신의 이야기를 풀어가게 한다. 이금희는 그녀만의 튀지 않는 편안한 수다로 시청자들의 마음을 사로잡는 매력을 가진 아나운서다.

수다는 이처럼 튀지 않고 상대방의 말에 공감해주고 반응을 보이는 것만으로도 상대방의 마음을 열게 만드는 최고의 노하우가 되기도 한다.

백지연 – 당당한 것이 통하게 한다

편안한 분위기로 사람들의 수다를 이끄는 이금희와 상반되는 수다를 하는 여성으로는 단연 백지연을 따를 사람이 없다. 백지연은 보이는 것처럼 항상 깔끔하고 단정한 도시적 이미지처럼 똑똑 떨어지며 차갑게 느껴진다.

백지연은 연세대 심리학과를 나와 신문방송학으로 석사학위를 받고 영국 옥스퍼드대에서 로이터 펠로우십 과정을 밟은 노력가이다. 그녀는 1987년 MBC에 입사해서 이지적인 외모와 냉철한 언변으로 시청자들을 몰입하게 하는 카리스마를 선보였다.

백지연은 언론계에서도 대단한 경력을 가지고 있다. 수습 5개월 만에 MBC의 간판인 9시 뉴스에 앵커로 자리를 잡았으며, 9시 뉴스에서 최장수 앵커로 근무하는 기록을 세웠다. 그리고 프리랜서 앵커로 선언하고 〈백지연의 뉴스 Q〉를 진행하였으며, 〈백지연의 피플 인사이드〉를 진행하면서 한국 방송 사상 가장 자유롭고 영향력 있는 앵커로 자리를 굳혔다.

그래서 방송계에서 그녀를 부르는 수식어는 대단하다. '국내 최초 프리랜서 앵커', '개인의 이름을 타이틀로 건 최초의 뉴스 프로그램 진행자', '대한민국 앵커의 역사는 백지연 전과 후로 나뉜다'는 평가를 받고 있다. 또한 서울 모 대학의 여대생을 대상으로 조사한 가장 닮고 싶은 여성 1위로 그녀가 뽑힌 적이 있었다.

한국에서 여성 앵커의 위상을 확고히 정립하고 21세기 대한민국 커리어우먼의 전진 방향을 새롭게 제시한 백지연은 카리스마나 포스 같은 단어가 가장 잘 어울리는 그녀지만, 그녀 자신의 수다 방법은 성실함을 키워드로 꼽는다.

앵커 백지연의 이미지라 하면 '차 보인다', '냉철해 보인다'라는 느낌이 대표적이다. 방송활동을 할 당시에는 자신의 '차다'란 이미지를 대수롭지 않게 받아들였다. 하지만 앵커에서 교수로, 교수에서 사업가로 활동영역을 넓히면서 자신이 가진 이미지, '차다'에 대한 재점검이 불가피하게 느껴졌다. 이미지에 대한 재정립을 통해 그녀가 깨달은 것은 자신의 인생에 '차가움'에 더해 '따뜻함'까지 있었더라면 자신의 인생은 어떻게 변화하였을까 라는 것이었다.

자신의 저서인 『나이스 포스』에서 그녀는 내면의 힘을 갖추어 자기 자신을 설득했다면, 이제는 세상을 설득할 힘을 길러야 할 차례라고 역설하고 있다. 그에 더해 20여 년간 방송 및 인터뷰어로서 활동하며 깨달은 상대와 진심으로 소통하고 상대방을 이끌 수 있는 방법들을 털어놨다.

그녀는 이미지의 '차가움'을 보완할 수 있는 따뜻한 개념, 즉 'nice'를 통해 세상과 소통하고 세상에 나를 알릴 수 있는 힘을 길러보자고 제안한다. 그리고 세상을 설득하고 세상에 나를 알릴 수 있는 힘은 스스로에 대한 재점검에서부터 시작된다고 하였다.

상대를 설득하고 상대에게 자신을 알리기 위해선 진실된 소통이 필요한데, 사람과 사람 사이의 진정한 소통을 위해선 힘(force)만 있어서도 안 되고 단순히 'nice' 한 속성만 있어서도 안 된다. 표현은 부드러우면서(nice) 내재된 강력한 파워(force)가 있는 '세상이란 무대에 자기 자신의 위치를 포지셔닝 하는 힘'을 뜻하는 '나이스 포스(nice force)'가 필요하다는 것이다.

백지연의 세련된 외모에 걸맞는 세련된 목소리와 당당한 표정과 자세는 자신을 당당하게 함으로 인해서 사람들을 이끌고 따라오도록 하는 데 충분하다고 한다.

이숙영 – 솔직한 것이 통하게 한다

SBS 파워 FM 이숙영 아나운서는 아침방송만 25년을 했다. 그녀는 아침방송을 통해 출근하는 사람들의 가슴에 톡톡 튀는 재미로 사랑을 한 몸에 받고 있다.

이숙영은 경기여자고등학교와 이화여자대학교 영어영문학과를 졸업하고, 한양대학교 언론정보대학원 석사과정을 마쳤다. 원래 동아방송(DBS)의 아나운서로 입사하였으나, 1980년 언론 통폐

합으로 인해 소속이 KBS로 바뀌었다. 1986년, 우연히 동료 아나운서의 출산휴가로 인해 KBS 〈FM대행진〉의 대리 DJ를 맡았다가, 당시 독특한 진행방식이 화제를 모아 1987년에 이 프로그램의 고정 DJ로 발탁되었다.

이숙영의 거침없는 말과 솔직한 감정표현은 당시의 여성 청취자들에게는 가히 파격적이었다. 톡톡 튀는 화술과 개성 넘치는 화술은 그녀를 성공한 여성의 대열로 올려놓기에 충분했다. 그녀의 장수 비결은 한결같이 솔직함을 들고 있다.

실제로 이숙영은 상대방과의 대화에서 진실된 교감을 가지려면 우선 솔직함이 기본이 되어야 한다고 말한다. 솔직해야만 진정한 대화가 가능하다고 보고 최대한 상대방의 말을 들어주라고 한다.

이숙영은 『맛있는 대화』라는 책을 출판하고 전국에 대화법으로 유명강사로 활동하고 있기도 하다. 그녀의 저서는 방송에서 직접 만난 유명인들의 바람직한 화법이나 다양한 분야의 사람들과 교류를 통해 깨닫게 된 내용을 엮어 만들었다. 그녀는 "일상에서 말을 많이 하지 않고 상대방의 이야기를 듣는 습관이 있다"며 "그것이 칼럼을 쓰거나 책을 쓰는 데 큰 도움이 된다"고 말했다.

이숙영이 권하는 수다의 비법 중에 첫 번째는 '말하기보다는 듣는 것을 먼저 하라'는 것이다. "내가 말을 하면 정보가 새는 것이지만, 상대방의 말을 들으면 정보를 얻는 것이잖아요. 상대방의 말을 귀 기울여 들으며 적절히 맞장구를 쳐주면 대부분의 사람들은 속마음을 털어놓습니다." 그녀는 하나를 이야기했으면 둘을 듣고 셋을 맞장구치는 '1:2:3의 법칙'을 지켜야 한다고 한다. 실제로 본인이 방송을 하는 도중 자살하겠다는 사람을 만나 1:2:3의 법칙을 써서 자살하려는 마음을 돌린 적이 있다고 한다. 경청을 잘하면 죽음도 막을 수 있다는 것을 의미한다.

둘째는 수다를 잘하기 위해서는 겸허한 태도로 자신을 낮추고 타인을 배려하는 태도가 몸에 배어야 한다고 강조했다. 상대방의 처지에서 생각하는 습관, 즉 '역지사지 감각'이 있는 사람들이 수다를 훌륭하게 이끌어간다는 것이다. 그렇게 상대방에게만 맞추다 보면 혹시 주변 사람들로부터 무시당하는 경우가 생기지 않을까. 그녀는 "이 때문에 말할 때 내용이 있어야 한다"며 "요점만 간단명료하게 말하는 습관을 길러야 한다"고 권한다.

셋째는 상대방이 아무리 친해도 뒷담화를 하지 말아야 한다고 강조했다. 뒷담화는 보통 남을 헐뜯거나, 듣기 좋게 꾸며 말한 뒤 뒤에서 하는 대화를 말한다. 사람들은 일반적으로 남을 칭찬하기 보다는 험담하기를 즐거워한다. 그래서 수다에서도 뒷담화는 매우 자주 거론되는 부분이다. 그러나 뒷담화를 하면 뒷담화를 듣는 사람도 화자가 자신의 이야기도 남들에게 뒷담화를 할 것이라는 생각을 들게 하므로 경계하고 거리를 두게 만든다. 그리고 뒷담화는 결국 당사자의 귀에 들어가기 때문에 언젠가는 뒷담화를 한 대가를 꼭 치루어야 하기 마련이다. 따라서 수다를 신뢰감 있게 하기 위해서는 뒷담화를 하지 말아야 한다.

결국 이숙영이 수다의 달인으로 성공하기 위한 비결은 겸손하게 누구의 이야기도 잘 들어주고 자신을 솔직하게 표현하는 데 있다고 할 수 있다.

최유라 - 공감하는 것이 통하게 한다

퇴근 무렵에 운전을 하고 가면서 히죽히죽 웃고 있으면 십중팔구는 조영남, 최유라가 진행하는 〈지금은 라디오 시대〉를 듣고 있다고 해도 과언이 아니다. 실제로 〈지금은 라디오 시대〉는 1995년부터 20년 가까이 사람들의 따뜻한 삶의 사연들을 소개하며 사랑받아온 장수 프로그램으로 동시 청취율 조사에서 부동의 1위를 지켜온 MBC 라디오의 간판 프로그램이기도 하다.

〈지금은 라디오 시대〉가 지금처럼 인기를 얻게 된 것에는 다양한 원인이 있겠지만 가장 큰 원인으로는 최유라의 소탈한 수다의 매력 때문이라는 데는 이의가 없다. 실제로 〈지금은 라디오 시대〉는 처음 방송이 시작된 이후 남자 아나운서로는 이종환, 전유성, 이재용 아나운서, 황인용, 서세원, 조영남 씨 등 우리나라에서 분야의 최고이며 개성이 강한 이들과 함께 했지만 여자 아나운서는 최유라가 처음부터 지금까지 자리를 지키고 있다.

최유라는 막강한 남성 아나운서들과 함께 방송을 진행하면서 상대 남성 아나운서들이 당대 최고의 인기를 가지고 있으면서도 나름대로 개성이 강하고 카리스마 있는 이들과 함께 했기 때문에 어려움이 있었지만 가장 장수한 아나운서가 되었다. 이러한 비결에 대해서 최유라는 서로에 대한 배려가 모든 문제를 풀고 장수하게 했다고 한다.

최유라를 표현하는 수식어는 다양하다. 〈지금은 라디오 시대〉의 '간판스타', 대한민국 아줌마의 든든한 '안방마님', 우리나라 여자 라디오 진행자 중 선호도 1위, 주부들이 뽑은 최고의 라디오 스타 등이다. 그녀는 지금 최고의 인기를 한 몸에 받고 있다.

실제로 주부들의 진정한 '멘토'로 떠오른 최유라는 감추거나 꾸밈없는 그대로의 모습을 다 보여주는 것이 최대의 장점으로 꼽힌다. 최유라는 라디오 방송에서 항상 서민들의 소박한 이야기를 구수한 사투리까지 섞어가며 감칠맛 나는 수다로 사람들에게 즐거움을 준다. 그뿐만 아니라 꾸밈없는 수다와 함께 유쾌한 웃음소리를 들으면 나른한 오후의 피로와 스트레스가 싹 달아난다는 청취자가 많다.

최유라의 수다를 잘 들어보면 그녀의 수다에는 한국 아줌마들이 좋아할 수밖에 없는 수다를 하고 있다는 것을 쉽게 알 수 있다. 최유라의 방송 멘트 중에서 가장 많이 나오는 것 중 하나는 "맞아, 맞아, 맞아"이다. 수다 중에 사람들이 가장 듣기 좋은 말은 자신을 인정해주는 맞장구인데 최유라는 습관적으로 맞장구를 쳐주기 때문에 수다를 더욱 활기차게 해준다. 거기다 이야기 중간 중간 "까르르"하면서 웃는 소리나 "예, 예"라는 맞장구를 쳐줌으로써 청취자들은 자신의 아픔이나 힘든 상황을 이해해주는 것 같은 그녀를 좋아할 수밖에 없게 된다.

최유라가 이처럼 수다의 달인이 된 이유에 대해서 본인은 대학을 졸업하고 어린 나이에 두 아이의 엄마이자 주부와 방송인으로 살았기에 평범한 가정주부로서 살아온 경험이 탄탄하기 때문이라고 한다. 그리고 나이 드신 청취자분들과 통화를 하면서 자연스럽게 그분들에게 배운 것이 많다고 하였다. 그녀는 "방송에서 세상사는 이야기를 실감나게 하고 나면 설거지까지 깨끗이 마친 듯 개운한 느낌이 든다"는 말로 방송에서 얻는 보람을 표현했다.

최유라는 원래 아나운서로 출발한 것이 아니라 영화 〈수탉〉으로 대종상 신인상을 받으며 화려하게 데뷔한 영화배우였다. 유아교육의 대표 프로그램인 〈뽀뽀뽀〉에서 '뽀미언니'로 출연하여 유아들의 인기를 얻기도 하였다. 최유라가 라디오 방송을 진행하게 된 것은 우연이었다. 우연히 대학교 3학년 때 '별이 빛나는 밤에'에 초대 손님으로 나갔던 적이 있었다. 이날 방송 반응이 좋자 다음날 바로 DJ 섭외가 들어왔고, 제안을 덜컥 받아들였던 것이 지금까지 하게 되었다. 최유라는 그 기회를 행운으로 생각하였다. 그동안 영화 출연 제의도 많이 받았지만, 라디오의 매력에 푹 빠져 라디오에만 집중하였다. 요즘에는 자신이 쌓아온 살림 내공을 녹여낸 홈쇼핑 프로그램을 진행하면서 신나는 '대박' 행렬을 이어 가고 있다.

임성훈 – 성실한 것이 통하게 한다

임성훈은 연세대학교 재학시절 응원단장을 하다 정말 우연한 기회에 방송 MC가 됐다. 지난 1974년 TBC 동양방송에서 대학생들을 대상으로 하는 코미디 프로그램 〈살짜기 웃어예〉란 프로그램에 MC로 발탁된 것이다. 지금으로 따지면 개그콘서트 같은 프로였는데, 그 이후 자연스럽게 프로그램이 꼬리에 꼬리를 물었다. 새 프로그램이 생기면 열심히 진행하고 그냥 한길만 꾸준히 걷다보니 이렇게 많은 시간이 흐른 것이다.

임성훈은 40년 동안 수많은 프로그램을 진행하면서 최고 MC로서의 명성을 다져왔다. 세월이 흐를수록 농익은 진행자로서의 면모를 보일 뿐만 아니라 늘 유행 트렌드를 담보하고 그러면서도 격조를 잃지 않는 성실한 MC로서의 모습을 보이고 있다.

지금까지 40년 동안 최고의 MC로 왕성한 활동을 보이고 있는 임성훈 아나운서는 수다의 달인이다. 그가 맡는 프로그램은 모두 장수한다는 공통점이 있으며, 그가 세운 기록은 아무나 넘볼 수 없는 철옹성과도 같다.

임성훈은 KBS 〈전국은 지금〉(5년), MBC 〈생방송 퀴즈가 좋다〉(5년), 〈10시 임성훈입니다〉(8년)를 비롯해 11년 동안 방송을 진행했던 KBS 〈가요톱10〉, SBS 〈잘먹고 잘사는 법〉, 〈세븐데이즈〉, 〈솔로몬의 선택〉에 이르기까지 오락 교양프로그램의 장수 진행자로 인기를 끌어왔다. 현재 출연 중인 SBS 〈세상에 이런 일이〉도 10년 이상을 진행하며 시청률 호응을 이끌어 오면서 'MC 지존'의 자리를 이어가고 있다.

최고의 시청률을 자랑하는 MC 임성훈에게 프로그램의 장수 비결을 물으면 그는 "항상 처음 시작할 때의 마음가짐을 잃지 않는 것"이라며 "초심을 잃지 않으면 매너리즘에 빠지지 않는다"라고 말했다. 즉 모든 일에 성실하게 임해야 한다는 것이다.

MC 임성훈은 조심하는 것이 세 가지 있다. 타성에 젖는 것, 교만해지는 것, 성실하지 못한 것이 그것이다. 임성훈은 지금까지 방송생활을 하면서 단 한 번도 방송 펑크를 낸 적이 없는 것을 비롯해 한번 맡은 프로그램에서 개인적인 사정으로 빠진 적이 없다.

그러나 40년 동안 임성훈이 딱 한 번 맡은 프로그램을 진행하지 못한 적이 있다. 매일 생방송되는 KBS 〈전국은 지금〉을 진행하면서 딱 한 번 진행을 하지 못했다. "아버지가 방송 도중 사망했다는 소식을 듣고 울면서 진행했다. 발인하는 날만 다른 사람이 대신 방송을 해 줬다." 이를 통해 임성훈이 얼마나 철두철미하게 성실한지를 알 수 있다.

임성훈이 맡은 프로그램들이 전부 장수하는 이유에서도 임성훈은 아무 프로그램이나 하는 것이 아니라 프로그램 선택기준으로 '기획 의도가 자신과 맞을 것', '시대흐름과 일치하는 것' 등을 꼼꼼히 따져서 선택한다고 한다.

임성훈이 맡은 프로그램들이 장수하는 이유는 꼭 좋은 프로그램을 선택한 그의 탁월한 감각만이 아니라 언제 보아도 성실한 모습으로 출연자들이 속에 있는 말을 잘 할 수 있도록 잘 들어주고 편한 분위기를 만들어 준다는 것이다. 요즘 자극적인 애드리브를 하면서까지 튀려는 젊은 MC들과는 많이 다름을 알 수 있다.

시청자들은 그의 성실한 모습으로 대화를 이끄는 진행에 대해 "임성훈은 출연자들의 나이, 계층에 상관없이 항상 정중하게 대하고 배려한다"고 평가를 한다. 임성훈은 수다를 잘 이끄는 노하우는 게스트들이 프로그램 분위기에 잘 적응할 수 있도록 성실하게 유도하여 시청자들에게도 편안함을 만들어 주는 것이라고 말한다.

임성훈은 어떤 사람이든 성실하게 배려해주면 다들 마음을 열고 수다에 동참하기 때문에 대화의 기본을 성실이라고 한다. 그리고 사람들이 편하게 대화할 수 있도록 책을 많이 읽고 다른 방송을 시청하면서 진행자의 장점을 배우는 데 많은 시간을 보낸다고 한다.

손석희 – 노력함이 통하게 한다

손석희는 휘문고등학교 시절부터 방송반에서 활동하였으며, 1984년 MBC에 입사했다. 대한민국 방송인 최초로 아나운서와 기자를 겸하면서 뉴스 프로그램의 앵커로 얼굴과 이름이 알려졌다. 1992년 MBC 노조 파업 때 주동자로 몰려 구속되는 과정을 거치면서 바른 말을 잘 하는 곧은 이미지를 쌓았다.

1997년부터 1999년까지 미국 미네소타 대학교에서 유학한 후, MBC 〈아침뉴스 2000〉으로 앵커에 복귀하였다. 그리고 〈100분 토론〉에서 사회자로 활약하다가 사회자가 교체되면서 TV방송에서는 거의 모습을 드러내지 않고 라디오 방송인 〈손석희의 시선집중〉만을 진행하다가 현재는 JTBC 보도담당 사장으로 활동하고 있다.

이른 아침 출근하는 직장인들에게 MBC 라디오 〈손석희의 시선집중〉을 진행하는 손석희는 시원한 카타르시스를 제공했다. 손석희는 정계, 제계, 학계, 언론계 등 사회의 모든 기득권층에게 가장 두려워하면서도 인정하는 언론인이다. 그가 진행했던 시사집중은 매일 민감한 문제를 다루며 직접 인터뷰 방식을 통해 국민들에게 보다 실질적이며 정확한 사실을 전달하려 노력하였다.

손석희의 매력은 찌르면 피 한 방울도 안 나올 것 같은 차가운 이미지에 그가 뱉어내는 말은 상대방의 아킬레스건을 미묘하게 건드려서 상대방을 흥분시켜 상대방의 갑옷을 벗기고 벌거벗은 진면목을 시청자에게 보여 준다는 데에 매력이 있다. 국민들은 손석희 아나운서의 날카로운 지성으로 계속 국민들의 가려운 곳을 통쾌하게 긁어 주기를 바라고 있다.

그래서 그런지 대학생이 닮고 싶은 인물 1위, 방송계에서 가장 영향력이 있는 사람 1위로 손석희 아나운서가 뽑히기도 하였고 성신여자대학교 문화커뮤니케이션 학부 교수로 스카우트되어 학생들을 가르치기도 했다. 주변에 흔들리기보다는 자신의 신념을 지키며 묵묵히 노력하는 손석희의 모습에서 대학생들은 그를 닮고 싶은 인물 1위에 올려놓았다.

손석희의 화술을 놓고 사람들의 이견도 분분하다. 그가 자주 쓰는 말은 "어떻게 봐야 합니까?", "구체적으로 무엇입니까?", "이렇게 말씀하시는 겁니까?", "주어진 시간 사용 다 했습니다", "그래서 어떻게 하겠다는 거냐?", "그게 ~씨의 생각이냐?", "남들도 그렇게 생각한다고 보냐?" 정도다. 자신의 입장(시각)을 드러내지 않고 이 정도 말만으로도 토론자를 당황하게 해 토론에 긴장감을 불러일으킨다. 이 점이 손 교수의 강점이다.

어떤 이들은 그의 화술에 군더더기가 전혀 없는 사람이라고도 한다. 그의 멘트를 보면 공중에서 일직선으로 내리 꽂히는 매를 연상한다고도 한다. 그만큼 그의 언어는 간략하고 정확하다. 손석희처럼 언어의 절제미에서 오는 촌철살인을 하는 사람이 없을 지경이라고도 한다. 그러나 손석희의 몰아붙이기 식의 인터뷰에 대해서는 불편하게 생각하는 국민들도 많다. 방관자 입장에서 몰아세우듯 상대를 닥달하는 것은 언론인의 지위를 이용한 행패라고 주장하기도 한다.

그러나 손석희의 절제된 이미지와 깔끔한 수다의 진행으로 손석희 마니아도 적지 않다. 이러한 손석희의 매력은 철저한 자기의 이미지관리와 함께 미소년 같은 모습 속에서 뿜어져 나오는 촌철살인과 같이 짧은 말 한마디가 사람의 마음을 열게 하고 감동을 전한다. 현대인들은 결코 복잡한 것보다는 단순한 것을 선호한다. 사람들은 흔히 이렇고 저렇고 해서 내 논리가 합당하니 내 말을 믿어달라며 장황하게 설득하려 하지만 그럴수록 상대도 이리 재고 저리 재게 된다는 것을 손석희는 정확히 간파하고 있는 것이다.

신영일 - 유머가 통하게 한다

아나운서 중 가장 웃기고 에피소드가 가장 많기로 유명한 아나운서를 꼽으라면 단연 신영일 아나운서를 꼽을 것이다. 신영일은 건국대 행정학과 출신으로 97년 KBS에 입사해 현재 KBS 1TV 〈퀴즈탐험 신비의 세계〉와 〈퀴즈 대한민국〉 〈스포츠 세상〉 등을 진행하고 있다. 2004년에는 아테네 올림픽 메인 아나운서로 파견되어 주목을 받기도 하였다.

KBS 아나운서 중 에피소드가 가장 많기로 소문난 신영일은 방송을 솔직하게 진행하기로도 유명하다. 그래서 그는 방송 중에서도 자신의 실수를 인정하고 솔직하게 표현함으로 인해서 오히려 청중들에게 기쁨을 선사한다. 실제로 그는 방송에 출연하여 자신이 실수한 웃지못할 에피소드를 자주 공개했다. 특히 신영일은 라디오 뉴스를 진행하다 실수했던 기억을 소개한 적이 있다. 라디오 뉴스 끝에 전해주는 일기예보 소개에서 "기온은 10도, 습도는 42%"라고 얘기를 했어야 하는데 "기온은 습도, 10도는 42%"라고 말해 얼굴이 빨개졌던 실수담도 고백했다.

이처럼 신영일이 진행하는 프로그램들을 보면 출연진들을 즐겁게 해줄 뿐만 아니라 다른 어떤 프로그램보다 웃음을 많이 자아내게 한다. 이처럼 그가 맡은 프로그램들을 화기애애하게 만드는 이유는 남들보다 유머감각을 많이 지녔기 때문이다.

신영일은 과거에는 내성적인 성격이었기 때문에 조용하고 평범한 학생이었다고 한다. 초등학교 생활기록부에 보면 실제로 '내성적', '친구들과 잘 어울리지 못함'이라고 적혀 있다고 한다. 대학 다닐 때도 내성적이긴 마찬가지였으나 대학 4학년 때 우연히 '아나운서 되기'라는 책을 읽고 아나운서가 되기로 결심했다고 한다. 그는 아나운서가 되기 위해서는 많이 얘기하고 표현해야 한다는 것을 알게 되었으며, 합격하지 못해도 준비하는 과정이 나를 바꿀 수 있을 것이라는 생각이 들었다고 한다. 또한 주변에서 목소리가 괜찮다는 얘기를 들어왔기 때문에 도전했다고 한다.

그가 유머 있는 아나운서로 성공하게 된 원인을 첫째는 연습을 철저히 했기 때문이라고 한다. 신영일은 항상 무대 앞에 서거나 사람들과 대화를 할 때는 미리 거울 앞에서 서서 실제로 질문을 하고 답변을 하는 연습을 꼭 해본다고 한다. 그래서 행사를 진행하거나 대화를 이끌어 가는 과정에서 생길 변수에 대비하고, 재미있게 대화를 끌어나갈 방법들을 강구한다. 신영일은 이처럼 연습을 충분히 하면 할수록 실제 현장에서는 자신감도 올라가고 자신을 정확히 바라보는 계기가 된다고 한다.

둘째는 꾸준한 모니터링을 했기 때문이라고 한다. 신영일은 항상 행사가 끝난 다음에 녹화한 내용을 꼼꼼히 보면서 부족한 것이나 실수한 것들이 무엇이었는지를 체크하여 다음 행사에서는 좀 더 나은 행사를 하려고 노력한다고 한다. 일부 방송 베테랑들이 더 이상 자신의 프로그램을 챙겨보지 않기 때문에 더 이상의 성장을 하지 않는 것에 비해 신영일은 꾸준히 모니터링을 통해 자신의 기량을 발전시켜 나간다.

셋째는 체계적이고 논리적으로 말하려고 노력했기 때문이라고 한다. 신영일은 자신이 논리적이고 체계적으로 말을 하기 위해서 글쓰는 연습을 많이 한다고 한다. 어떤 글이라도 자주 쓰게 되면 생각을 논리적이고 체계적으로 정리할 수 있기 때문에 그것을 말로 표현하면 결국 말도 체계적이고 논리적으로 할 수 있다는 것이다.

넷째는 유머 있는 말을 하려고 노력한다고 한다. 유머 있는 말을 하기 위하여 개그 프로그램들이나 트위터, 페이스북, 유튜브 등 SNS에서 재미있고 기발한 동영상을 찾아 아이디어를 찾는 재미에 푹 빠져 있다. 신영일은 찾아낸 아이디어를 현장에서 어떻게 하면 재미있게 활용할 수 있을지를 고민하기에 그의 프로그램은 항상 유머가 넘치고 생동감을 준다.

이혜정 – 구수함이 통하게 한다

이혜정은 대한민국의 요리 연구가로 가장 유명한 방송인이기도 하다. 수다를 주제로 한 TV 프로그램에는 약방의 감초처럼 빠지는 곳이 없다.

이혜정은 결혼 후 의대 교수인 남편의 미국 유학길에 동행해 미국에서 살다가 대구로 돌아온 후 이웃들에게 선보인 퓨전 요리 솜씨가 입소문을 타기 시작했다. 그래서 많은 사람들이 이혜정의 요리 비법을 전수받으려 집으로 찾아와 이들을 집에서 소수로 가르쳤다.

점차 그녀의 뛰어난 요리 솜씨는 더욱 알려져 1993년 대구 지역의 한 TV 프로그램에 출연하였다. 이 방송을 통해서 인지도를 얻자 요리 강사로 일하기 시작하면서 본격적으로 요리 연구가의 길을 걸었다.

그녀는 39세에 이탈리아 ICIF 학교의 요리 과정을 수료하였다. 이때 재료를 정량화하지 않는 그의 요리 방법 때문에 빅마마라는 별명을 갖게 되었다. 이후 40대의 나이에 미국 · 이탈리아 · 중국 · 일본 4개국을 돌며 요리 공부를 하였다.

이혜정은 2004년에 올리브 채널에서 방영한 〈빅마마의 오픈 키친〉의 진행자로 출연하면서 대중에게 알려지기 시작했다. 이혜정이 처음에 TV에 나오자마자 평범한 주부가 당시 요리의 틀을 깬 TV 요리프로그램 진행으로 팬이 점점 늘어가면서 요리 분야의 '스타'로 자리를 잡았다.

이혜정은 당시의 요리가 너무 어렵고 복잡하다는 데서 쉽게 요리를 할 수 있는 비결들을 주부들에게 알려주었다. 그래서 우리나라에서 구하기 어려운 외국 채소 대신 시장에 널려 있는 국산 채소를 재료로 사용하였다. 그리고 양념 용량도 '간장 2와 2분의1큰술' 식으로 복잡하게 설명하지 않는다. 대신 자신의 입맛에 맞추어서 대충 넣어도 된다고 한다.

이후 특유의 입담으로 요리 프로그램은 물론 라디오 프로그램의 진행자로도 활약하였고 지금은 거의 모든 수다를 주제로 하는 TV프로그램에 출연 중에 있다. 그의 인기는 점차 높아져 홈쇼핑에서도 출연하고 있으며, 이혜정이 출연하는 상품은 연일 매진되고 있을 정도로 인기가 높다. 현재 과천에서 자신의 집에 쿠킹 스튜디오를 운영하고 있다.

이혜정에 대해서 시청자들이 열광하는 이유를 보면 한마디로 넉넉하고 푸근한 수다를 선사하기 때문이라고 한다. 이혜정은 요리를 주제로 하는 프로그램에서도 요리만 가르쳐 주는 게 아니라 사이사이 '옆집 아주머니처럼' 구수한 수다를 들려준다. 이혜정의 수다는 누구나 할 수 있는 수다지만 그녀는 자신의 삶의 경험을 바탕으로 구수하게 풀어낸다. 따라서 이혜정의 수다는 누가 들어도 공감하고 쉽다고 생각하기 때문에 자신도 모르게 그녀의 마니아가 되는 것이다. 이혜정이 출연하는 프로그램들을 보면 수다를 떠는 도중 내내 그의 손과 입은 쉴 틈이 없다. 특유의 눈웃음과 높은 톤의 목소리는 맛깔스런 양념이 된다.

또 한 가지 이혜정의 수다의 특징을 보면 여성의 입장을 두둔하고 남성을 꼬집는 말을 많이 하며 여성들이 감성을 더욱 자극하여 인기를 얻고 있다. 한 방송에서 이혜정은 남편 때문에 받는 명절 스트레스에 관해 털어놨다. "남편은 가만 있으면 도와주는 건데 잔소리가 많다. 밤 좀 깎아 달라고 해도 어쩜 그렇게 리모컨을 붙잡고 안 놓는지 모른다. 시어른들은 어른이니까 참아야겠지만 남편은 왜 그러냐. 명절 때는 남편들 수용소 가두고 싶다"며 솔직한 심정을 털어놨다. 이로써 많은 여성들의 공감대를 얻어 냈으며, 남성들은 적지 않게 당황했다.

수다라고 해서 특별한 것이 있는 것이 아니다. 이혜정처럼 주변에서 일어나는 자신의 경험을 바탕으로 쉬우면서도 구수한 수다를 한다면 사람들에게 인기를 얻게 될 것이다.

제4장

수다의 달인이 되는 7가지 방법

한 마디의 말이 들어 맞지 않으면 천 마디의 말을 더해도 소용이 없다.
그러기에 중심이 되는 한 마디를 삼가서 해야 한다.
중심을 찌르지 못하는 말일진대 차라리 입 밖에 내지 않느니만 못하다.

채근담

수다의 원리를 알아야 한다

무심코 던진 수다 한마디로 자신이 처한 상황이 유리하게 혹은 불리하게도 될 수 있으며, 자신이 원하는 목표를 달성할 수도 있지만 목표를 달성하지 못하게 될 수도 있다. 그런 까닭에 수다를 잘하는 사람은 원하는 것을 얻을 수 있지만 수다를 못하는 사람은 곤경에 빠질 수도 있다.

성공한 사람들의 말을 조금이라도 귀 기울여 들어보면 하나같이 수다를 잘한다는 것을 쉽게 알 수 있다. 그러나 그들도 하나같이 처음부터 수다를 잘했던 것은 아니다. 수다를 잘하는 사람들에게 비결을 물어보면 다들 자기 나름대로의 노력이 있지만 가장 기본이 되는 것은 수다의 원리를 잘 알고 있다는 것이다. 무슨 일이든 원리를 알고 시작하면 쉽게 목표점에 도달하지만 원리를 모르고 시작하게 되면 자기가 어떤 노력을 해야 하는지를 모를 수밖에 없게 된다.

규칙과 범위의 경계를 정해야 한다

수다를 효율적으로 하기 위해서는 수다를 하기 전에 먼저 수다의 범위와 경계를 정해야 한다. 수다의 범위와 경계를 정하지 않고 수다를 하다보면 수다가 뜻하지 않은 방향으로 나가게 되어 무의미한 수다가 되기 쉽다. 그리고 화자와 상대방 간의 의견 대립이 생겼을 때는 해결할 방법이 없게 되거나 둘 사이의 갈등이 생기기 쉽다.

따라서 미리 수다가 대립되었을 때를 대비하여 중재를 다루는 규칙을 정하고, 각자의 역할, 능력, 경계들을 정해놓는 것이 좋다. 또한 더 이상의 계속적인 상호작용이 이루어지지 않을 때는 수다를 종결하도록 규칙을 정한다. 의미없는 수다를 이어가는 것보다는 수다를 종결하는 것이 서먹함을 줄일 수 있기 때문이다.

상대방이 중심이다

수다는 상대방이 들어주어야 가능하기 때문에 상대방의 욕구도 충족시켜 주면서 수다를 해야 한다. 따라서 화자는 상대방이 가지고 있는 실제적인 문제나 잠재적 문제와 욕구를 파악하는 것이 중요하다. 이렇게 하기 위해 화자는 상대방의 관점과 인생관을 이해하는 반영적 경청을 할 필요가 있다. 수다는 서로의 생각이나 정보에 대한 느낌과 이해 정도를 전달하는 것이므로 상대방에 대한 배려가 우선되어야 한다.

상대방에 따라 개별화된 전략이 필요하다

좋은 결과를 기대하는 수다를 진행하려면 상대방의 공감과 동의를 얻어야 한다. 상대방과의 공감과 동의를 얻기 위해서는 개별화된 수다를 구사할 수 있어야 한다.

개별화된 수다란 다양한 상황에서 상대방의 취향과 수준에 맞는 수다를 구사해야 한다는 것을 말한다. 이것은 마치 사이클 경기자가 다양한 지역 혹은 지형에 따라 조절하고 수정하는 것과 비슷하다.

예를 들면 편안한 마음을 갖기를 원하는 상대방과 숨넘어 갈 듯 빠른 결과를 요구하는 수다는 오히려 역효과를 가져 온다. 따라서 각 상황에 따라 상대방에 대한 분석과 기술이 요구되며 각 상황의 독특한 욕구를 충족시키기 위한 좋은 수다 전략의 선택은 성공적인 수다를 가져올 수 있다.

수다는 주고받아라

수다는 반드시 말하는 사람인 화자와 듣는 사람인 상대방으로 구성된다. A가 화자일 때는 B가 상대방이 되고, B가 화자일 때는 A가 상대방이 된다. A가 이야기하다가 멈추면, 다른 참여자인 B가 이야기를 시작하는 식으로 수다가 진행된다. 그래서 A→B→A→B→A→B가 차례로 말을 하는 교대가 나타나는데 이것을 순서 교대라고 한다. 순서 교대는 모든 수다의 참여자가 말할 기회를 가지기 때문에 수다가 공평하고 순조롭게 진행된다. 수다에 중복이 일어나거나 말하는 도중에 누가 끼어들더라도 바로 자동적으로 조절이 된다.

화자가 말을 하고 있는데 상대방이 말을 시작해서 얼마간 동시에 말을 하는 경우를 수다의 중복이라고 한다. 수다의 중복은 수다의 시작이나 새로운 화제가 도입되었을 때, 자기가 먼저 수다를 시작하려고 여러 사람이 동시에 말하는 경우나 화자의 말이 끝난 것으로 알고 상대방이 수다를 시작했지만 현재 화자가 말을 계속 하는 경우가 있다. 또한 화자가 말하는 것의 부족함이나 잘못된 부분이 발견되었을 때, 바로 자신이 생각하는 바를 덧붙여 말하는 경우나 응답이 늦어져서 또 다른 발언을 시작하는 경우가 해당된다. 이러한 경우 두 사람이 말이 중복되면 의도한 것이 정확히 전달되지 않게 될 뿐만 아니라 분위기도 어색해지게 된다. 따라서 수다의 중복 현상이 일어난 경우에는 여유를 가지고 천천히 수다를 함으로써 수다의 중복이 생겨나지 않도록 주의하는 것이 필요하다.

여유 있는 마음으로 천천히 한다

수다를 잘하려면 충분한 여유를 가지고 수다를 해야 한다. 조급해지면 말도 빨라지고, 해야 할 말도 놓치게 된다. 여유를 가지고 수다를 한다면 훨씬 더 조리 있고 차분하게 상대를 설득시킬 수도 있을 것이며, 유머나 재치도 자연스레 나올 것이다. 절대 수다를 할 때 흥분하지 않도록 스스로에게 여유를 가지도록 해야 하고,

말하는 템포도 스스로가 적절히 조절할 줄 알아야 한다. 일방적으로 속사포처럼 떠들고 사라진다면 그건 수다를 한 것이 아니라 소음을 만든 것이다. 최대한 밝은 미소와 여유로운 말이 훨씬 더 수다를 잘 하는 사람으로 만들어줄 것이다.

여유 있는 마음으로 천천히 수다를 하면 화자가 전달하고자 하는 내용을 충분히 전달할 수 있다. 만약에 급한 마음으로 수다를 하다 보면 자칫 여유를 잃고 쫓기게 됨은 물론 말이 빨라져서 상대방이 이해하기 어려운 때가 많다. 이는 수다를 정해진 시간까지 끝내야 한다는 초조감 때문인 경우가 많다. 시간이 부족한 경우에는 수다내용 중에서 상당한 부분을 버리고 중요한 것만 전달하려는 마음을 가져야 한다.

제한된 시간을 효과적으로 활용한다

사람의 집중력은 한계가 있기 때문에 수다를 집중해서 들을 수 있는 시간은 제한되어 있다. 그러나 사람들은 수다를 시작하게 되면 시간 가는 줄 모르고 말할 때가 많다. 개인차는 있지만 사람들은 평균적으로 똑같은 일을 할 때 20분이 가까워오면 집중력이 떨어지기 시작하는데 이 시점에서 분위기를 전환해야 한다. 상대방이 흥미가 없거나 주의력이 떨어지면 새로운 주제로 이야기를 하거나 흥미를 끌만한 실례를 들거나 질문을 하여 집중력을 끌어올려야 한다. 또는 정해진 시간을 정해서 지키거나, 줄여서 수다하는 것도 신뢰감을 형성하는 중요한 요소가 된다.

일관된 흐름을 가지고 요점을 간결, 명확하게 전달한다

아무리 달변이라 해도 요점이 명확하지 않고, 장황하게 늘어놓기만 한다면 상대를 기쁘게 하기 어렵다. 먼저 수다의 목표를 명확히 설정하고, 전달하고자 하는 핵심적인 사항을 일관된 논리 하에 간결하고, 명확하게 전달해야 한다.

의외로 화자가 장시간 말을 했을 때 상대방이 기억하는 내용은 많지 않다. 따라서 반드시 기억해야 하는 가장 중요한 내용을 도입부와 종결부에 반복하여 정리해주는 것도 좋은 방법이 된다. 일관된 흐름을 갖고 요점을 명확하게 전달하는 것이 중요하다.

상대방을 설득해야 할 때는 철저히 연구해야 한다

수다를 통해 상대방을 설득한다는 것은 결코 쉽지 않은 일이다. 확실한 논거를 바탕으로 이성적인 합의뿐 아니라 감정적인 호응도 이끌어내야 하기 때문이다. 따라서 사전에 상대방에 대한 정보를 가능한 한 많이 수집하여 상대방에 맞는 수다스타일을 개발하는 것이 좋다. 만약 상대방이 전문직 종사자라면 철저한 지식으로 무장을 해야 함은 물론 그가 생각하지 못한 뛰어난 무기를 갖고 있어야 한다. 그러나 상대방에 대해 잘못 파악했다가는 오히려 수다 중에 실수하기 쉽다. 수다를 성공적으로 하기 위해서는 상대방에 대한 철저한 연구를 바탕으로 효과적인 수다를 준비해야 한다.

상대방의 요구를 파악해야 한다

수다는 자신을 위해서만 하는 게 아니라 듣는 사람들도 배려하면서 자신의 생각이나 필요한 정보를 전달하는 작업이다. 상대방이 무엇을 원하는지 미리 조사하고, 수다에서 전달하고자 하는 내용을 상대방이 좋아하도록 재구성해서 수다하는 습관을 가지면 상대방은 화자와 의견이 잘 맞는다고 생각하여 마음의 문을 열고 수다에 적극적으로 동참하게 된다.

밝고 긍정적으로 수다해야 한다

사람들은 밝고 긍정적인 화자를 좋아한다. 이러한 화자가 말하는 것은 뭔가 비전과 희망이 있는 것 같이 의미 있게 들리기 때문이다. 반면에 소심하고 부정적인 화자는 상대방의 호감을 얻기 어렵고 수다가 성공하기도 어렵다. 부정적인 말은 자기 자신뿐만 아니라 주위에 있는 모든 사람에게까지도 실패와 위기의식을 불어넣는 위험한 수다가 된다. 상대방이 가장 듣기 좋아하는 수다는 긍정적이고 밝은 내용의 수다이다.

수다의 주제를 명확히 한다

수다에서 가장 중요한 것 중의 하나는 목적을 가지고 진행을 하는 것이다. 그 목적을 이루기 위해서는 본인이 전달하고자 하는 수다의 주제가 명확해야 한다. 예를 들어 스트레스 해소면 스트레스 해소에 관련된 수다를 하는 것이 좋다.

유머 있는 수다를 해야 한다

수다에서 유머감각은 대단히 중요하다. 상대방에게 충분한 이해를 돕기 위해서는 상대방을 화자의 편으로 만들어야 한다. 상대방이 부정적인 마음을 가진다면 아무리 화자가 수다를 잘한다고 하더라도 화자의 수다가 귀에 들어오지 않는다. 그래서 상대방과의 거리감을 없애고, 상대방에게 호감을 주는 방법 중의 하나가 바로 수다에서 유머를 사용하는 것이다.

화자의 멋있는 유머 한마디가 상대방을 향해 빛을 발휘할 때, 이미 상대방은 화자 편에 있다는 생각을 해도 무리가 없을 것이다.

전문용어를 자제해야 한다

수다 중에 일반인도 이해하기 힘든 용어를 쓴다든가, 또는 어려운 영어를 사용함으로 인해 상대방으로부터 반감을 사는 경우가 있다. 자기가 상대하는 상대방의 수준이 어느 정도인가를 충분히 파악한 후 수준에 맞는 어휘와 용어를 씀으로 해서 상대방으로부터의 충분한 공감과 이해를 얻을 수 있는 수다야말로 멋진 수다라 할 수 있다.

수다는 가능한 줄여서 해야 한다

우리의 속담에 '말이 많으면 쓸 말이 없다' 라는 말처럼, 어떤 문제에 대해 수다를 많이 하게 되면 내용이 모호해지는 경향이 있다. 결국 모호성을 띠게 되는 수다는 상대를 혼동하게 하며, 혼란스럽게 하여 화자의 정확한 내용 전달에 저해 요인이 되는 것이다.

'말을 하다가 보면 삼천포로 빠진다' 라는 말처럼 수다가 지나치게 많아지게 되면 결국에는 자신이 처음 의도한 내용이 무엇인가를 망각하는 단계에 이르게 된다. 따라서 수다는 줄여서 하는 것이 효과적으로 자신의 의도와 뜻을 포함하고 있는 내용을 보다 정확하고 명확하게 전달하는 방법이 되는 것이다.

미리 수다할 내용을 준비해야 한다

수다 중에 머릿속에서 즉흥적으로 떠오르는 말을 입으로 내뱉는 데에는 한계가 있다. 수다를 잘하는 사람들은 대개 미리 수다의 내용을 먼저 그려보고 말을 한다. 수다를 앞두고 미리 머릿속으로 "내가 어떻게 말하면 상대방이 어떻게 반응하거나 얘기할 것인지, 그에 따라 난 어떻게 얘기해야 할지" 등을 미리 그려보는 것이다.

미리 수다할 내용을 준비하게 되면 수다가 훨씬 체계적이고 논리적인 수다가 될 수 있다. 미리 수다 내용을 준비하지 못한다고 해도 무조건 생각나는 것을 말하기 전에 한 번씩 머릿속에서 생각하고 판단해 보아 상대방이 불편해할지 좋아할지를 고려하고 하게 되면 어느새 수다의 달인이 되어 있을 것이다.

자신감에 찬 수다를 해야 한다

수다를 잘하는 방법에는 자신감이 50% 이상을 차지한다. 정확한 얘기를 자신 있게 하면 상대로 하여금 훨씬 더 높은 신뢰감을 얻게 된다. 아울러 설득도 쉽게 된다. 같은 말이라도 자신 있게 하는 것과 그렇지 않은 것은 차이가 크다. 자신감에 찬 수다를 하기 위해서는 끝말을 흐려서는 안 되고, 또박또박 자신의 말을 정확하고 자신 있게 전달하도록 노력해야 한다.

수다 중에 조금씩 실수한다고 해서 뭐라고 지적할 사람도 없다. 따라서 자신감을 가지고 과감하게 말하는 것이 필요하다. 그렇다고 무조건 큰소리 빵빵치라는 얘기는 아니다. 자신감은 소리가 크고 작고의 문제가 아닌, 명확하고 당당함의 문제인 것이다.

수다를 할 때 가장 경계해야 할 것은 주눅들지 않도록 하는 것이다. 사람 앞에서 말할 때 음성이 떨린다던가, 약간은 두려운 상대를 만나거나 당황하게 되면 머리가 하얗게 비고 혀가 굳어지는 것을 경험했을 것이다.

수다에서 상대방은 자신감 있는 화자를 원한다. 자신감에 찬 화자가 되기 위해서는 화자가 자기 수다 내용에 대한 확신을 갖고 그를 통해서 소정의 목적을 달성할 수 있다는 것을 굳게 믿어야 한다. 그래야 어떤 수다도 성공할 수 있다. 즉 자신감 있는 수다는 무엇보다 신념과 확신에 찬 언행으로 수다하는 것이 대단히 중요하다. 특히 도입 부분부터 화자의 신념에 찬 목소리로 하는 수다로 상대방을 압도할 수 있으면 신뢰감을 전달하는 수다가 될 수 있다.

신뢰감을 형성해야 한다

수다가 잘 진행되기 위해서는 서로에 대한 신뢰감이 바탕이 된다. 화자와 상대방 간에 믿음이 형성되어 있지 않다면 좋은 수다는 시작하기 어려우며, 수다가 제대로 진행되기 어렵다.

신뢰감 형성이란 상대방이 화자에 대해서 마음의 문을 열고 있는지, 화자가 내린 판단과 생각에 대하여 동의를 하고 그대로 받아들일 수 있는지, 화자를 항상 순수하게 대하고 따를 수 있는지, 화자가 제시한 사안을 실천하여 자기 문제를 해결해 나갈 능력이 있는지 등을 예의 주시해서 보면서 상대방이 화자에 대하여 긍정적으로 생각하도록 마음의 문을 여는 작업을 말한다.

화자와 상대방 간의 신뢰감을 형성하기 위해서는 상대방에 대한 존중, 상대방에 대한 이해, 일관적 성실성, 수다에 대한 전문성을 확보하였다는 것을 보여 주는 것이다. 이러한 화자의 행동 특성이 상대방에게 느껴지고 전달될 때에 화자에 대하여 충분히 이해하고 신뢰감이 형성되어 화자와 효과적으로 상호작용 및 정신적인 교류를 할 수 있다.

상대방을 존중하는 수다를 한다

만남에서 성공적인 인간관계가 되려면 상대방에 대한 존중부터 시작된다. 수다는 마음을 열고 하는 것이기 때문에 조그만 일에도 마음을 다치기 쉽다. 따라서 화자는 상대방과의 첫 만남에서부터 상대방에 대한 존중하는 마음과 모습을 보이면 상대방은 마음의 문을 가장 빨리 열게 하는 데 도움이 된다.

화자는 상대방의 독특한 개성과 자질을 이해함에 따라 그를 존중하는 마음이 생기게 되며, 상대방에게 효과적으로 관심을 기울이는 행동과 상대의 능력에 대한 믿음 등을 통하여 상대방에 대한 존중을 나타낼 수 있다. 그리고 상대방을 무조건 지원해 주기보다는 오히려 상대방의 시도에 대한 노력을 격려해 줌으로써 상대에 대한 존중을 보여줄 수 있게 된다. 그러나 상대방과의 의견 차이가 생길 경우, 거부나 이의가 상대방에 대한 존중이 아니라는 생각에 무조건 받아들이는 것은 좋지 않다.

때로는 반대 의견의 표현과 상대에 대한 인격적 거부가 서로 다르다는 점을 상대에게 깨닫게 하는 것도 상대방에 대한 존중을 촉진하는 계기가 된다. 반대 의견을 표현할 때는 미소를 띠고 침착하면서도 부드러운 목소리 등의 비언어적 수단을 통해 온정이나 배려가 전달된다는 느낌을 주어야 한다. 수다에서 신뢰감을 형성하는 데는 무엇보다도 상대방을 한 인격체로 대한다는 기본자세가 중요하다.

상대방을 이해하는 수다를 한다

이해란 자신이 직접 경험하지 않고도 다른 사람의 감정과 상황을 거의 같은 내용과 수준으로 이해하는 것을 말한다. 수다에 있어서 상대방에 대한 이해가 바탕이 되지 못한다면 화자는 상대방의 상황이나 감정을 이해하지 못하기 때문에 효율적인 수다가 이루어지기 어렵다. 상대방에 대한 이해라는 것은 상대방이 말하는 내용에서 관찰될 수 있는 것에서부터 수다과정 내내 상대방의 감정, 태도 및 신념처럼 쉽게 나타나지 않는 것까지도 정확하게 분석하여 이해하도록 노력해야 한다.

상대방은 화자가 자신에 대하여 충분히 이해하고 있음이 전달되면 화자를 보다 신뢰하게 되어 상대방이 마음의 문을 여는 데 도움이 된다. 이를 위해서는 내용을 잘 듣고 있을 뿐 아니라 심층적 느낌까지도 이해하려고 노력한다는 사실을 상대방에게 보여주려고 노력해야 한다.

성실하게 수다한다

성실성이란 정성스럽고 진실된 품성을 말한다. 화자는 수다 과정 내내 성실성을 가지고 수다과정을 수행해야 한다. 이것이 바로 일관적 성실성이다. 화자는 수다과정에서 시종일관 상대방에게 진실되고, 개방적이고, 정직하고, 신뢰로운 사람임을 보이려고 노력하는 것이 필요하다. 그렇다고 화자의 모든 감정을 있는 그대로 표현할 것을 요구하는 것은 아니고 말한 것이 진실되고 일관성이 있어야 한다는 것이다.

우리는 일상생활에서 남을 배려한다는 마음에서, 부정적인 반응을 초래하리라고 예측되는 감정표현을 자제하거나 회피하거나 심지어는 거짓말을 하는 경우가 많다. 그러나 이러한 비솔직성이 오히려 나쁜 부정적 결과를 가져온다는 것은 명심해야 한다. 따라서 수다과정 중에서 상대방의 변화가 마음에 들지 않거나 태도가 마음에 들지 않는다면 솔직하게 말해서 문제를 해결하게 하는 것도 중요하다.

성공적인 수다에는 순서가 있다

처음에는 상대방 마음의 문을 열어라

사람은 누구나 처음 만날 때는 잘 모르는 사람 간의 만남에서 시작하기 때문에 처음에는 서먹서먹할 수밖에 없다. 이러한 분위기를 일식시킬 수 있는 것이 바로 친밀감이며 그것은 바로 수다를 통해서 가능하다. 따라서 사람과의 첫 만남의 시작단계에서 수다는 친밀감을 높이는 데 매우 중요하다. 친밀감을 높이는 수다방법은 다음과 같다.

● 일상적인 수다로 시작한다.

일성적인 수다는 일상생활에서 흔히 일어 날 수 있는 일을 주제로 수다를 하는 것이다. 일상적인 수다는 수다 능력이 부족한 사람도 특별한 기술이 없기 때문에 누구나 쉽게 할 수 있는 것이다.

예

- 처음에는 어색함을 깨기 위해 일상적인 가벼운 이야기로 수다를 푼다.
  "오늘 날씨가 참 좋네요."
  "오는데 비가 많이 옵니다."
  "오다 보니 꽃이 활짝 피었습니다."

- 상대방에 대한 관심을 표현하기 위하여 상대방이 하는 것을 본 후 물어 본다.

  "뭘 읽고 계시나요?"

  "오시는 데 차가 많이 막혔지요?"

  "식사는 하셨나요?"

  "어느 쪽에서 오셨나요?"

● 공감대를 형성할 수 있는 수다로 시작해야 한다.

화자와 상대방이 빨리 친해지려면 공감대를 찾아서 수다를 나누는 것이 좋다. 예를 들면 우리나라 사람들이 만나면 하는 학연, 지연, 혈연을 찾는 것도 공감대를 갖기 위해서 하는 것처럼 빠르게 공감대를 찾아서 하게 되면 친밀감을 높이는 데 도움이 된다.

예

- 공감대를 갖기 위하여 같이 했던 활동에 대해 거론한다.

  "전에 같이 본 영화장면 같네요."

  "전에 같이 살았잖아요."

  "전에 외국 여행을 같이 했던 추억이 아직도 기억에 남아요."

● 서로를 생각해주는 수다로 시작한다.

처음 만나서 친밀감을 높이려는 수다방법은 상대방에 대한 배려로 수다를 시작하는 것이다. 예를 들면 상대방에 대한 칭찬거리로 수다를 시작하거나, 만나게 된 것에 대한 기쁨이나 감사를 전하는 수다로 시작하면 서로가 마음의 문을 열고 친밀감을 나눌 수 있다.

예

- 상대방을 인정하는 의미에서 타인의 외양이나 행동을 칭찬한다.
  "오늘 따라 옷이 참 어울리네요."
  "건강이 좋아 보이시네요."
  "참 미인이시네요."

- 만나게 된 것에 대한 기쁨이나 감사를 전한다.
  "뵙고 싶었는데 드디어 뵙게 되네요."
  "만나뵈어서 참 행복합니다."
  "말씀만 들었는데 이렇게 뵙게 되니 반갑습니다."

수다가 유지되면 반은 성공한 것이다

일단 수다가 시작되었다면 그 수다를 성공적으로 이끌기 위해서는 수다를 유지하는 방법을 알아야 한다. 수다를 유지하기 위해서는 일반적으로 한 번 말하고 한 번 듣는 균형의 원리와 교환의 원리를 지켜야 한다. 결국 수다를 성공적으로 유지하기 위해서는 균등하게 수다를 주고받아야 한다.

자신의 의견을 보여준다

상대방의 수다에 대하여 맞장구를 친다. 상대방이 말을 하면 그 말에 대하여 공감으로 이해하고 있다는 것을 보이기 위하여 후렴을 해주거나 맞장구를 쳐주면 상대방은 말하는 것이 신나서 더 많은 말을 하게 된다. 맞장구를 보여주면 상대방의 말을 잘 들어주고 그대로 반복하거나 주제를 더 보완하거나 다른 주제에 연결 역할을 한다. 그러나 막연한 맞장구보다는 상황이나 때에 맞는 맞장구를 쳐주어야 한다.

예

"우와.", "정말이니 역시 넌 최고다. 그래서 다음에는 뭘 할 건데?"
"네, 상당히 좋은 생각이군요."
"네, 맞아요."
"그렇지요."
"정말 대단해요."

개방질문(open question)을 한다

수다를 지속적으로 유지하는 방법 중에는 질문을 하는 방법이 좋다. 그러나 폐쇄형 질문으로 말을 하는 사람은 선택에 있어서 머뭇거리거나 수다에 대하여 불편함을 느끼게 된다. 따라서 질문은 개방형 질문을 함으로써 화자에게 선택의 기회를 주며 수다를 더욱 재미있게 해 줄 필요가 있다.

예

"파란색이 좋지"보다 "어느 색이 좋니?"
"설렁탕을 먹지요"보다는 "무엇을 먹으면 좋을까요?"
"내가 화요일과 금요일밖에는 시간이 없는데 어느 날이 적당하세요" 보다는 "어떤 날이 편하신지요?"

상대방이 싫증을 내는 기색이 보이면 자연스럽게 수다를 전환한다

수다를 하다 보면 상대방이 나의 말에 대하여 재미없어 하거나 싫증을 내는 경우가 있다. 그러나 이러한 상황을 무시하고 수다를 계속 진행한다면 수다가 단절되거나 상대방이 마음의 문을 닫게 되어서 오히려 역효과가 나기 쉽다. 따라서 상대방이 나의 수다에 대하여 싫증을 내는 기색이 보이면 자연스럽게 수다를 전환하는 것이 좋다.

예

"그 말씀을 하니 다른 이야기가 생각나는군요."
"생각해보니 좀 더 재미있는 이야기가 있었군요."
"아까는 미술에 대해서 이야기했는데 이제는 음악에 대해서 수다를 나누어 볼까요?"

화자의 개인적인 정보, 견해, 공동의 경험을 나누면 수다가 더 의미 있게 된다.

사람은 누구나 자신에 대해서 관심을 가져 주면 좋아한다. 따라서 수다를 유지하기 위해서는 화자에 대한 관심을 나타내는 뜻으로 화자의 개인적인 정보, 견해, 경험을 나누면 수다의 유지에 도움이 된다.

예

- 개인적인 정보 : "다른 분에게 말씀을 들으니 미술에도 조예가 깊으시다면서요?"
- 견해 : "제가 생각해서는 참으로 잘하신 것 같아요."
- 경험 : "전에 그 집에서 먹었던 김치찌개가 맛있지 않았었나요?"

좋은 수다를 원하면 수다의 종결을 잘해야 한다

수다를 좋게 종결하기 위해서는 상대방에 대한 좋은 호감을 가지고 있음을 암시하고 항상 인식하고 있다는 것을 알린다. 예를 들면 수다를 하면서 상대방에게 좋은 감정을 가지고 있음을 자주 나타내는 것이 좋다.

예

"오늘 이야기를 들어보니 당신이 맘에 드는군요. 다음에 또 찾아 뵙고 싶군요."
"참으로 감명을 받았습니다. 살아가면서 도움이 될 것 같습니다."

- 상대방과의 만남에 대한 기쁨을 최대한 표시한다.
  "오늘 선생님 덕분에 참 즐겁게 얘기 나누었습니다."

"오늘 뜻밖에 많이 배웠습니다. 기억에 남는 만남이 될 것 같습니다."

• 상대방이 기분 나쁘지 않게 수다를 자연스럽게 끝내기 위한 방법
  - 모임 장소에서 다른 사람을 당신이 얘기하고 있던 이에게 소개한다.
  - 주변을 정리한다.
  - 슬쩍 당신 시계를 보아 갈 시간임을 암시한다.
  - 약속이 있어서 가봐야 한다고 하고, 다시 만날 것을 제의한다.

비언어적 행위에도 신경을 쓰라

비언어적 행위는 언어 외에 모든 물리적 방법의 커뮤니케이션으로 보디랭귀지라고도 한다. 보디랭귀지를 우리말로 하면 '몸말'인데, 세분화하면 태도, 자세, 제스처, 표정, 시선 등으로 나눌 수 있다. 비언어적 행위는 화자가 이해, 수용, 거부 등의 의사표시를 몸으로 표현하는 것이다. 그것은 듣기보다는 볼 수 있는 교류의 일부이다.

머리를 끄덕이는 것, 자리를 내어 주는 것, 주먹을 쥐는 것, 팔을 잡아주는 것, 손가락을 돌리는 것, 무겁게 숨쉬는 것, 식은땀을 흘리는 것 등이 모두 비언어적 행위이다. 언어적 대화는 선택적이라 우리의 마음을 말로 표현하거나 침묵하는 것을 선택한다. 그러

나 비언어적 행위는 수면 중일지라도 심리적, 정서적 상태를 반영하고 물리적 메시지를 계속적으로 보내고 있다. 따라서 비언어적 행위는 민감한 상대방에게는 뜻깊은 의미를 지닌 의사표현과 같다. 언어형성은 언제나 통제받고 있는 지적 과정이기 때문에 우리는 무엇에 대하여 말하고 있는지를 언제나 인식하고 있다. 그러나 비언어적 행위는 우리가 전혀 인식하지 못하는 상태에서 표현된다.

때때로 비언어적 행위로 인한 표현이 너무 강해서 언어표현을 능가할 수 있다. 비언어적 행위는 상대방에 의해서 일방적으로 지각되고 해석된다. 만약 화자가 비언어적, 언어적 행위가 혼돈되는 메시지를 보낸다면 상대방은 흔히 위장과 통제가 어려운 비언어적 행위에 더욱 중요시하게 된다.

따라서 수다를 할 때 자신의 비언어적 행위에 대해서 다음과 같이 관리를 해야 한다.

눈 접촉

이야기를 시작하거나 끝낼 때, 당신이 말하거나 듣는 동안 상대방과 눈을 맞추면 어떤 자리, 어떤 경우 그리고 상대가 누구든지 성공적인 수다가 될 수 있다. 수다 도중에 허공이나 바닥을 보아서는 안 된다. 그것은 바로 상대방에 대한 실례이며 수다를 단절하게 하는 원인이 된다. '눈은 입보다 더 많은 말을 하고 있다', '청춘남녀의 사랑은 눈의 교감으로부터 싹튼다'는 교훈을 명심해야 한다.

상대방이 말할 때에 화자가 상대방을 바라보는 것은 '당신을 이해하려고 하며 나는 듣고 있으니 나에게 말해주세요' 라는 의미를 나타낸다. 그러나 눈 접촉은 자주하며 길게 하면 격려도 되지만 너무 지속적으로 눈을 빤히 바라보게 되면 상대방으로 하여금 불편하게 만든다. 그러므로 눈 접촉은 상대방을 이해하거나 존경하는 듯한 모습으로 바라보면 상대방은 즐거운 경험으로 생각하여 수다에 더욱 동참하게 만든다.

얼굴표정

상대방은 말하는 사람의 얼굴표정에 대단히 민감하다. 우리는 자신의 감정을 나타낼 때 자신도 모르게 안면표정을 이용하기 때문에 이 단서는 수다할 때에 자신의 정서표현으로 나타나게 된다. 따라서 말하는 사람의 수다의 흐름과 상반되는 표정은 상호작용을

둔감하게 하거나 상대방에게 불쾌한 느낌을 주므로 역효과를 내기 쉽다.

화자의 얼굴표정은 상대방의 언어적 · 비언어적 표현에 일치하는 것이 아니고 화자 자신의 언어적 표현에 일치해야 한다. "당신을 보니 기뻐요" 하면서 이마를 찌푸린다거나 "당신은 지금 중요한 결정을 해야만 해요" 하면서 미소를 지어서는 안 된다.

화자의 얼굴표정이 수다의 내용과 관련이 없다고 느끼면 상대방은 화자가 아마도 어떤 갈등을 경험하고 있다고 느끼기 쉽다. 때로는 상대방이 말하는 것 때문에 화자가 어떤 강한 긴장감을 느끼고 있다고 생각할 수 있다. 화자의 반응이 상대방에게 혼동을 준다면 수다는 더 이상 좋은 결과를 가져오기 쉽지 않다.

보편적으로는 수다를 할 때 화자가 짓는 표정은 웃는 얼굴이 좋다. 특히 상대방에 대한 관심의 의사 표현은 말보다는 웃는 모습이 가장 효과적이다. 방긋 웃음은 일단 상대방의 긴장을 풀고 호감을 주고 수다하고 싶은 마음으로 유도한다.

자세와 위치

자세는 수다에 있어서 상대방의 이해와 존경하는 마음을 표현하는 데 사용된다. 상대방에게 성실한 모습으로 관심을 표현하는 자세를 가지려면 상대방에게 머리는 약간 앞으로 기울게 하고 상체는 앞으로 향하게 한다. 그러면 '당신이 무슨 의미를 표현하든지 나는 수용할 준비가 되어 있다' 는 자세가 된다. 그러나 허리를 뒤로 빳빳하게 세우면 건방진 느낌을 받을 수 있다. 또한 팔장을 끼거나 다리를 버티고 서거나 하여 폐쇄적 마음을 나타내는 자세는 피하는 것이 좋다.

화자는 수다 도중에 상대방이 무슨 말을 하는지에 대해 관심을 가질 뿐만 아니라 이해한다는 것을 상대방에게 전달하도록 노력해야 한다. 따라서 상대방이 수다를 하는 도중에 적당하게 끄덕거리는 움직임과 자세는 상대방을 격려하고 수다에 주의를 기울인다는 것을 알도록 한다.

상대방과 대면하여 앉을 때는 직각으로 앉지 말고 직각방향으로 앉거나 조금 비스듬하게 앉는 것이 상대방에 대한 관심과 존경심을 표현하는 자세가 된다. 앉을 때의 자세는 의자에 상체를 기대는 것보다는 조금 앞으로 상체를 기울이며 앉는 것이 부드러운 분위기를 만들어 낸다. 또한 두 손은 무릎 위에 가지런히 놓고, 상대에게 집중하는 자세는 열린 마음을 나타낸다.

상대방과 마주앉아 이야기하는데 상체를 뒤로 기대어 앉는 것은 '난 당신의 말에 관심이 없어', '당신의 말이 지루해' 라는 거부의 의사 표현이 되기 쉽다. 따라서 자신이 앉은 의자를 테이블에 붙이고 상체를 약간 앞으로 내밀며 상대를 대하는 건 관심 있다는 의미이다.

상대방이 수다를 할 때 턱을 고이거나 팔짱을 끼고 들어 주는 것은 자신이 긴장하고 있거나 방어적인 태도로 수다를 듣고 있다는 것을 나타낸다.

신체접촉

신체적 접촉은 화자와 상대방 간의 좋은 관계를 조성하는 데 중요한 방법이다. 신체적 접촉은 언어보다 개방적 관계를 촉진시켜 주고 편안감을 준다. 따라서 처음 만나게 되면 악수를 통해서 신체적 접촉을 하는 것이 좋으며, 친숙한 사이라면 수다 도중에 화자의 손을 상대방의 머리, 어깨, 팔 등에 놓고 수다하면 상대방은 따뜻함, 불안감 해소, 긴장감소 등을 느끼며 힘을 부여하는 용기를 갖게 해주고 상호작용을 촉진시켜 준다. 그러나 친숙하지 못한 사이에 상대방의 신체에 손을 올리는 것은 오히려 역효과를 줄 수 있으므로 주의해서 해야 한다.

수다 환경을 고려해라

화자에게 마음의 문을 열고 수다에 참여하게 하기 위해서는 좋은 수다 환경을 만들어야 한다. 수다하기 좋은 환경은 상대방이 자신의 마음을 노출하기 편안하고 공유할 수 있도록 조성할 수 있는 환경을 말한다. 대화하기 좋은 환경 조성방법은 다음과 같다.

사적인 분위기를 조성한다

사적인 분위기는 관계를 조성하고 수다가 자연스럽게 진행되도록 해준다. 상대방은 타인이 엿듣는 경우에는 심각한 문제를 의논하려고 하지 않는다. 타인 앞에서 바보스럽고 통제를 잃게 되는 모습을 보일 것 같은 두려움 때문에 정직하고 개방된 수다를 하지 못하게 한다. 개방된 장소이거나 다른 사람이 있는 사무실에서 수다에 참여하게 하는 것은 어렵다. 따라서 상대방이 수다 환경이 마음에 들지 않아 수다가 더 이상 진행되지 못할 때는 사적인 장소가 마련될 때까지 기다리거나 만들어 주는 것이 더욱 좋다.

산만한 주위로부터 벗어난다

마음 편하게 수다를 하기 위해서는 주위에 산만한 것을 없애도록 해야 한다. 개방된 식당, 커피숍, 복도 등은 타인의 방해를 받을 수 있어 수다가 중단되기 쉽다. 그리고 수다 중에 화자가 계속 시계를 보면서 TV나 신문을 보면서 앉아 있는 것은 상대방으로 하여금 주위를 산만하게 만들어 수다를 중단하게 만들게 한다.

소음으로부터 격리한다

지속적인 소음은 주위산만을 일으키기 쉽다. 예를 들어 지속적인 숨소리, 기계소리, 다른 기구 작동소리 등은 수다의 방해요소가 된다. 특히 민감한 상대방에게는 작은 소음이라도 심각하게 감지되므로 조용한 환경조성이 필요하다.

친근한 공간을 조성한다

일반적으로 안전감을 주기 때문에 작은 방이 큰 방보다 낫다. 거리는 친밀감을 줄 정도로 하는 것이 좋으며 너무 가까우면 위협감을 줄 수 있다. 탁자와 의자가 있는 것이 좋으며, 중간에 책꽂이나 칸막이가 없는 것이 좋다.

자신을 이미지메이킹 한다

사람들은 처음 만나서 약 3초라는 눈 깜박하는 사이에 얼굴 표정과 외모, 말 한마디를 통해서 상대방을 평가하게 된다고 한다. 상대방은 좋은 이미지를 가진 화자를 원한다. 따라서 화자는 자신의 수다 목적을 성공적으로 완수하기 위하여 만나는 모든 사람들에게 호감과 만족을 주어야 한다.

또한 화자는 자신의 이미지를 자신의 직업이나 신분, 맡은 역할에 가장 잘 어울리도록 자신을 나타내야 한다. 이러한 자신에게 어울리는 이미지는 상대방에게 신뢰감을 준다.

표면적인 것보다 내면의 가치에 귀 기울여라

사람들은 처음 만나서 친해지기 전까지 자신의 마음을 표현하는 데 인색한 경우가 많다. 따라서 상대방의 마음을 읽기 위해서는 상대방가 표현한 말에 대해서 표면적인 것에만 관심을 갖지 말고 그 말이 뜻하는 내면에 무슨 의미가 담겨 있는가를 분석해야 한다. 일반적으로 다음과 같이 표현하면 그 표현의 내면에는 다른 의미가 있다는 것을 판단해 보면 상대방을 이해하는 데 도움이 될 것이다.

- 처음 만났는데 "어디서 많이 뵌 분 같아요." ☞ "친해지고 싶어요."
- 처음 만났는데 "인상이 좋으시네요." ☞ "친해지고 싶어요."
- "요즘 어찌 지내세요?" ☞ "보고 싶었어요."
- 만났다가 헤어질 때 "나중에 연락할게요." ☞ "연락 기다리지 마세요."
- 의견이 대립되어 싸우고 "나 갈게요." ☞ "제발 잡아줘요."
- 무엇을 권했는데 "생각할 시간 좀 주세요." ☞ "하기 어려울 것 같네요."
- "어제 옷을 샀어요." ☞ "옷에 대해 관심을 가져주세요."
- "배가 고파요." ☞ "같이 식사를 하지요."
- "지금 답답해요." ☞ "환경을 바꾸지요."
- 어떤 사람을 지적하고 "그 사람은 참 좋아." ☞ "다른 건 다 별로지만."

- 어제 술 마시고 출근한 사람이 하는 "어제 필름이 끊겼나봐요." ☞ "그 이야긴 창피하니까 꺼내지 마요."
- 무엇을 질문하는 사람에게 하는 "왜 그게 궁금하세요?" ☞ "대답하고 싶지 않아요."
- 오랜만에 만난 사람에게 하는 "잘 지내고 있어?" ☞ "그립다."
- "어제 밤을 새서 그런지 피곤하네요." ☞ "그만 끝내지요."
- 남자들이 여성에게 하는 "그냥." ☞ "나는 네가 좋아!"
- "당신은 행복해 보이네요." ☞ "난 행복하지 않거든."
- 싸우고 헤어진 뒤에 만나서 하는 "요즘 당신은 어떻게 지내?" ☞ "난 잘 못 지내."
- 헤어진 뒤에 만나서 하는 "좋은 사람 만났니?" ☞ "난 아무리 찾아봐도 너밖에 없더라."
- 연인들이 헤어지는 자리에서 하는 "행복해라." ☞ "다시 돌아와 주라."
- 헤어지면서 하는 "다음에는 바빠서 보기가 어려울 거 같아요." ☞ "그만 만나지요."
- 헤어지면서 하는 "가끔 내 생각나면 연락해." ☞ "자주 연락해."
- 헤어지면서 하는 "다음에 꼭 뵙고 싶네요." ☞ "마음에 들었어요."

이처럼 수다 중에 상대방이 표현하는 표면적인 수다에만 신경 쓰지 말고 내면적으로 어떤 의미를 전달하려고 그런 표현을 했는지 주의 깊게 관찰하면서 수다를 하면 행복한 수다를 이끌어 나갈 수 있다.

수다는 얼굴을 보면서 해야 한다

예전의 TV광고 중에 모 기업의 화상 전화기 광고에 보면 여러 출연자들이 나와 똑같이 "사랑해!"라는 말을 하는 광고가 있었다. 광고에 출연하는 출연자들의 얼굴을 보지 않고 목소리로 들으면 다 똑같은 내용이지만 화상 전화기를 통해 보면 사람마다 다른 의미가 내포되어 있음을 알 수 있었다.

그 광고에서 7명의 남녀노소가 "사랑해!"라고 말하지만 그들의 속마음은 각각 다르게 표현되었다.

- 20대 여자가 쪽~! 소리를 내면서 말하는 "사랑해!"는 "보고 싶어"의 의미였으며,
- 심각하게 목소리를 내리 깐 20대 청년의 "사랑해!"는 "오빠 못 믿니?"라는 의미였으며,
- 턱을 치켜 든 아내의 협박하는 듯한 목소리로 하는 "사랑해!"는 "바람 피면 죽는다"의 의미였으며,
- 입이 찢어지게 웃는 젊은이가 말하는 "사랑해!"는 "여보 나 취직했어~"의 의미였으며,
- 중년의 아저씨가 눈치를 보면서 말하는 "사랑해!"는 "여보 돈 좀 줘"라는 의미였으며,
- 연세 지긋한 할아버지가 말하는 "사랑해!"는 "죽을 때까지 같이 있어 줘"라는 의미였으며,

• 눈물을 머금은 여인의 슬픈 목소리 "사랑해!"는 "가, 아니, 가지 마"라는 복합적인 뜻을 담고 있었다.

저자도 광고를 보기 전까지 '사랑해'라는 단어의 의미가 몇 가지로 사용된다는 사실에는 공감을 했지만 이처럼 사랑한다는 말의 숨은 뜻이 다양하다는 사실에 많은 것을 배웠다. 우리는 가끔 사람이 말한 '언어'에 대해서만 이해하려고 했지 그 언어에 담긴 내면적인 의미를 많이 간과하고 살고 있다.

우리가 수다를 잘하려면 수다하는 상대방의 표정과 상황을 고려해서 수다를 해야 한다는 사실을 이 광고를 통해서 알 수 있다. 말은 같은 말이지만 말하는 사람의 표정에 따라 매우 다른 의미가 있기도 하고 때로는 정반대의 의미가 있다는 사실에 주의를 하여야 한다. 그리고 많은 사람들이 자기의 속마음을 숨긴 채 말하는 경우도 많다는 사실에 주의를 해야 한다.

따라서 수다를 잘하기 위해서는 언어로 표현된 말에는 다양한 내용을 내포하고 있다는 생각을 가지고 상대방의 의도가 무엇인지, 언어에 내포된 의미가 무엇인지를 파악하려고 해야 한다. 상대방의 의중을 정확히 파악하면 상대방이 원하는 수다를 할 수 있지만, 만약 상대방이 표현한 언어의 정확한 의미를 파악하지 못한다면 수다 중 상대방의 마음을 읽기 어려울 뿐만 아니라 혼자만 수다하는 것과 같다고 할 수 있다. 결국 상대방의 의도를 파악하지 못하는 수다를 한다면 상대방은 마음의 문을 닫아 버리거나 원하는 결과를 얻기가 어려울 것이다.

제5장

눈치 못 채게 설득하기

말이 있기에 사람은 짐승보다 낫다.
그러나 바르게 말하지 않으면 짐승이 그대
보다 나을 것이다.

사아디 고레스탄

성공적으로 설득하는 방법

상대방과 화자가 수다하는 과정에서 서로 의견이 충돌할 때가 종종 있기 마련이다. 또한 화자가 가진 관점을 상대방이 수용하도록 해야 할 때가 있다. 그러할 때에는 상대방을 설득하는 기술이 필요하다. 상대방을 설득하는 기술 즉, 설득에 필요한 수다방법에는 다음과 같은 것들이 있다.

상대방에게 결론을 제시하지 마라

사람들은 자신이 말하고 있는데 충분히 듣지 않고 미리 단정하거나 결론을 제시해버리면 상대방은 본능적으로 불쾌해 지게 된다. 예를 들면 화자가 말하고 있는데 "그렇게 하면 절대 안 돼!"라고 단정해서 미리 결론을 내리면 상대방은 무슨 일이든 네 멋대로 해보라는 도전으로 받아들일 뿐만 아니라, 상대방을 거절한다고 생각해서 강하게 반발할 수도 있다. 따라서 어떤 단정은 개인의 주관임을 밝히며 진리가 아닌 경우에는 결론을 제시하는 것은 조심해야 한다.

칭찬을 통해 장점을 발견해 주고 인정해 준다

인간의 행동을 강화시키는 데 있어서 중요한 법칙은 상대방의 장점을 발견하고 인정해주는 것이다. 이 법칙을 충실히 따를 수만 있다면 대부분의 갈등은 피할 수가 있으며 인간관계를 개선해 나갈 수 있다. 카네기(D. Carnegie)는 "상대방을 인정해 주는 것은 상대방에게 자신의 중요성을 느끼도록 만드는 것"이라고 하였다.

인간이라면 누구나 주위 사람들로부터 인정받기를 원한다. 따라서 화자는 상대방에게 칭찬을 통해 장점을 발견하게 하고 그것을 인정한다면 상대방은 매우 긍정적으로 받아들이게 된다.

설득할 수 있다는 확신을 가지고 자신감 있는 태도로 사람을 만나라

외형적으로 보이는 화자의 모습은 상대방의 결정에 중요한 영향을 미친다. 따라서 화자는 상대방을 설득할 수 있다는 확신과 자신감을 가지고 수다에 임해야 한다. 자신감이 충만한 화자를 보고 상대방은 믿음을 가지게 되며 화자를 돕기까지 할 것이다.

남을 비난하거나 푸념하지 마라

수다 중에 남을 비난하거나 불공평한 취급을 받았다고 불평하는 것은 되도록 삼가해야 한다. 어떤 사람도 남을 비난하거나 불평하는 말을 듣기 좋아하지 않는다. 화자가 부정적인 수다를 하게 되면 화자가 불만으로 가득 차 있고 인성이 부족한 사람이란 생각을 들게 한다.

상대가 스스로 선택할 수밖에 없도록 한다

설득에서 가장 중요한 것은 화자의 말을 듣고 상대방이 스스로 하고 싶다는 마음이 들도록 하는 것이 중요하다. 따라서 화자의 주장을 단도직입적으로 받아들이도록 요구하는 것은 부담스러워 하지만 질서정연하게 증거를 제시함으로써 화자의 말을 듣고 자연스럽게 선택하도록 상대방을 이끌 수 있어야 한다.

프로 같은 모습을 보이지 마라

화자가 매우 명료하게 말을 잘하게 되면 오히려 상대방은 진실성이 없고 업무적으로 인식되기 때문에 방어적이고 회의적이게 될 것이다. 따라서 상대방이 화자의 생각을 완전히 이해하고, 받아들이기를 원한다면 너무 프로 같은 모습을 버려야 한다. 상대방이 하자는 프로가 아니며 자신들과 같은 보통 사람에 지나지 않는다고 느끼게 된다면, 수다가 활기차게 진행될 것이다.

말한 것 이상의 무엇이 존재한다고 암시하라

화자의 수다에 집중하게 하기 위해서는 수다 중에 상대방으로 하여금 화자가 아직 하지 못한 말이 많다는 궁금증을 느끼게 만들어야 한다. 수다가 끝난 후에 모든 것을 다 알았다는 생각이 들면 상대방은 관심을 더 이상 가질 수 없다. 따라서 말이 끝난 후에도 화자가 전달하려는 의미는 무엇인가?, 다음에는 어떤 주제로 말할 것인가?에 대한 기대를 가지게 하는 것이 좋다. 즉, 많은 것들 중 약간만 이야기하고 있다는 것을 상대방에게 암시하는 것이 좋다.

마음을 결정하였을 때는 구체적인 실행 방법까지 함께 알려줘라

상대방은 마음의 결정을 하였어도 구체적인 실행에 옮기는 데는 뜸을 들이기 쉽다. 따라서 결정한 마음을 행동으로 옮기기 위해서는 자세한 안내나 쉽게 실행하는 구체적인 방법을 알려주어 따르도록 하는 것이 좋다.

군더더기를 과감하게 제거한다

현명한 철학의 나라인 독일의 국민들을 전쟁으로 내몬 선동의 달인으로 아돌프 히틀러(A. Hilter)가 있다. 그의 연설은 천천히 부드럽게 시작하지만 아무도 눈치 채지 못한 사이에 울부짖음에 가까운 절정에 이른다. 그리고 박수가 터져 나오면 히틀러는 주저 없이 단상을 내려와 버린다. 그의 연설을 들은 사람들은 번개를 맞은 듯이 꼼짝 못하고 서서 열광할 수밖에 없게 되었다. 귀가 들리지 않는 청각 장애인이라도 그의 연설하는 모습만으로도 가슴이 먹먹하다. 그의 연설이 독일 국민들을 열광시킨 비결을 보면 그의 연설은 칼로 무를 썰듯 단호한 손동작과 명쾌하게 끊어지는 단어들과 군더더기 없는 화술이라고 할 수 있다. 말을 너무 자세하게 하면 오히려 상대방은 결단을 내리는 데 주저하기 쉽다. 따라서 수다에서 필요없는 군더더기는 과감하게 생략하는 것이 오히려 결단을 쉽게 내리게 한다.

'예스'에 그치지 말고 행동으로 옮겨질 수 있도록 한다

수다를 통해서 예스라는 확답을 얻어내는 것은 쉽지 않을 수 있다. 그러나 더욱 어려운 것은 예스라는 응답에 대하여 실제로 행동으로 옮겨질 수 있도록 해야 한다. 애써서 예스라는 응답을 받아놓은 상태에서 실제로 행동으로 옮겨지지 않는다면 헛수고를 한 것이다. 따라서 '예스'라는 대답을 받아내는 데 그치지 말고 실제 행동으로 옮겨질 수 있도록 해야 한다.

서로의 공통점을 찾아내 이것을 설득의 실마리로 삼는다

목적이 있는 화자와 상대방의 만남은 서로에게 무언가를 얻어내기 위해서 만남을 갖는다. 따라서 만나자마자 일상적인 수다만을 한다면 상대방은 자신이 가진 객관적인 판단에 의지하여 결정하게 된다. 따라서 설득하는 수다를 하기 전에 충분히 공통점이나 공감대를 찾아내 이것을 설득의 실마리로 만들어야 한다.

상대의 심금을 울릴 수 있는 수다를 하라

명연설가의 말은 길지 않다. 윈스턴 처칠이 옥스포드 대학에서 한 유명한 연설은 "포기하지 마라"라는 단 한마디였지만 오늘날 명언으로 남아 있다. 따라서 말을 하기 전에 상대방의 심금을 울릴 수 있는 명언 한마디를 찾아내 공략하는 것은 매우 중요하다.

300여 년 전 철학자 임마누엘 칸트(I. Kant)의 강의는 항상 인기가 있었다. 그는 항상 재밌고도 흥미진진한 일화로 수강생들의 머리와 마음을 불질렀다. 그의 강의가 항상 인기가 높은 이유는 짧고 분명하게 강의의 핵심을 이야기하고, 청중들의 눈에 더 듣고 싶어 하는 기운이 남아있을 때 강의를 그칠 줄 알았다. 상대의 허를 찌르거나 감동을 주는 간결하고 명확한 말과 적절할 때 주제를 강렬하게 펼치는 것이 설득의 핵심이라 할 수 있다.

'예스' 라는 대답을 들은 뒤에는 고마움을 표시하라

우리는 가끔 설득할 것이 뚜렷하면 목표를 관철시키는 데만 신경을 쓰게 된다. 그러다 보면 상대방이 화자의 의도대로 선택을 하더라도 선택 자체에 대한 기쁨으로 인하여 고마움을 표하지 못하는 경우가 있다. 그러나 이런 실수를 하게 되면 다음의 선택에서 부정적 영향을 끼칠 수 있다. 따라서 '예스' 라는 대답을 들은 뒤에는 고마움을 표시하는 것을 잘해야 좋은 결과를 지속적으로 얻을 수 있다.

촌철살인(寸鐵殺人)을 하라

"어떤 사람이 한 수레의 무기를 싣고 왔다고 해서 사람을 죽일 수 있는 것이 아니다. 나는 한 치도 안 되는 칼만 있어도 곧 사람을 죽일 수 있다[我則只有寸鐵 便可殺人]." 이 말은 선(禪)의 요체를 갈파한 말이므로, 여기서 살인이라고는 하지만 칼날로 상처를 입히는 것이 아니라, 자기 마음속의 속된 생각을 없애는 것을 의미한다. 아직 깨달음에 이르지 못한 사람은 속된 생각을 없애기 위해 성급히 이런저런 방법을 쓰겠지만 정신의 집중이 부족하기 때문에 모두 서툰 수작일 뿐이다. 모든 일에 대해 온몸과 온 영혼을 기울일 때 충격적으로 번뜩이는 것, 이것이야말로 큰 깨달음이라는 것이다.

오늘날 간단한 한마디 말과 글로 상대편의 허를 찔러 당황하게 만들기도 하고, 설득하기도 하며, 상대를 감동시키는 그런 경우를 가리켜 '촌철살인' 이라고 하는 이유가 여기에 있다.

직접적 표현보다 은근하게 표현하라

중국인들이 자주 쓰는 '우회 전술'이나 손자병법의 주요 병법 중의 하나로 우직지계(迂直之計)가 있다. '남보다 늦게 출발했지만(後人發) 먼저 도착할 것이다(先人至)'라는 우직지계(迂直之計)의 효과는 비록 병법에서 적군과 요충지를 다투는 전술로 사용되었지만, 설득을 위한 지혜에도 적용할 수 있을 것이다.

자신의 의도를 상대방에게 관철시키기 위한 설득에서 내가 말하고 싶은 이야기를 상대방에게 직접적으로 말하는 것은 위험하다. 간접적으로 우회하는 설득은 자신의 약점을 강점으로 만들고, 상대방의 강점을 약점으로 만든다. 이것은 통찰력 있는 사람만이 할 수 있는 고도의 이성적 전략이며 상대방이 스스로 알아차리게 하는 설득의 가장 고차원적 방법이다. 때로는 시간이 더디고 돌아가는 고통이 있지만, 결국 그 고통은 서로의 이익으로 전환되고 더욱 빨리 가는 설득의 효과를 가져올 수 있다. 감정을 억제하고 우회하는 것은 분명 힘들지만 가장 뒷탈 없이 상황을 반전시킬 수 있는 강력한 힘을 발휘한다.

타이밍을 맞춰라

미래학자 앨빈 토플러(Alvin Toffler)는 그의 명저 『부의 미래』에서 '타이밍이 맞지 않으면 손해를 입고 심지어 망할 수도 있다'라고 했다. 설득에 있어서도 마찬가지다. 타이밍(timing)이란 동작의 효과가 가장 크게 나타나는 순간 또는 주변의 상황을 보아 좋은 시기를 결정하는 것으로 '적기(適期)' 라고 정의할 수 있다.

사랑 고백에도 타이밍이 있다. 너무 빠르면 차이기 십상이고, 너무 느리면 다른 사람에게 뺏길 우려가 있다. 타이밍을 잘못 맞추면 지금까지의 관계보다 더 악화되기도 한다. 타이밍을 놓치면 후회해 봤자 이미 놓쳐버린 기차가 된다. 따라서 설득은 타이밍에 맞춰 절묘하게 하면 의외로 좋은 성과를 거둔다.

은근하게 설득하라

아우슈비츠에서 살아남은 철학자인 빅터 프랑클(Victor Frankle)은 나치의 잔인함을 대놓고 비난하지 않았다. 수용소 생활 모습 하나 하나를 그의 책들 속에 담담하게 그려내었다. 굴뚝에서 부모 형제의 시체를 태우는 연기가 나오는 건물 옆에서 일해야 하는 유태인들, 눈을 부릅뜬 시체를 마주하고서도 너무 배가 고파 허겁지겁 마른 빵조각을 몰아넣는 자신의 처지 등 그의 글 속에는 '살인마', '악마' 등등의 격한 표현이나 증오는 한마디도 등장하지 않는다. 그럼에도 그의 글을 읽는 독자들은 나치의 만행에 치를 떨게 된다.

우리나라에도 은근함으로 오히려 사람들의 마음에 감동을 주는 시가 있다. 바로 김소월의 〈진달래 꽃〉이다.

진달래 꽃

김소월

나 보기가 역겨워
가실 때에는
말없이 고이 보내 드리우리다

영변(寧邊)에 약산(藥山)
진달래 꽃
아름 따다 가실 길에 뿌리우리다

가시는 걸음 걸음
놓인 그 꽃을
사뿐히 즈려밟고 가시옵소서

나 보기가 역겨워
가실 때에는
죽어도 아니 눈물 흘리우리다

이 시의 표면적인 의미는 '떠나보냄' 이지만, 속뜻은 '되돌아오기를 기다리는 강한 의지'이다. '죽어도 아니 눈물 흘리우리다'는 '속으로 몹시 울겠다'는 뜻의 아이러니[irony-반어(反語)]적인 표현이다. 이런 표현은 "당신을 사랑합니다. 그러니 절대 떠나지 마세요"보다 얼마나 강렬한 메시지를 전달하는가. 이러한 표현으로 사랑하는 사람에게 대한다면 상대는 절대로 떠나지 못할 것이다.

유형별 설득 방법

사람은 누구나 다른 생각를 갖고 있다. 사람들은 각기 저마다 자라온 환경, 직업, 성격, 교육 등에 따라 천차만별인 게 당연하다. 따라서 자기 방식대로 생각하고, 결정하고, 행동하는 것은 오랜 시간 만들어진 정체성이며 습관이므로 누군가의 한마디로 인해 쉽게 바뀌거나 설득되지 않는다.

사람들의 다양한 개성을 단 몇 개의 유형으로 분류하는 것은 다소 위험이 따를 수도 있지만, 8가지 유형으로 나누고 그들의 일반적인 성향을 파악하고 그에 따른 설득법을 보면 다음과 같다.

관계가 있나요? 관계지향적 사교형

관계지향적 사교형은 무엇보다도 인간 상호관계에 대해 중요하게 여긴다. 이런 유형은 효과적인 수다 방법을 의식적이거나 무의식적으로 알고 있는 사람들이기에 각종 모임을 개최하거나 참여하기를 좋아한다. 그들은 상대방을 휘어잡는 뛰어난 수다능력과 유쾌한 카리스마로 처해진 상황통제 능력을 갖추고 있는 편에 속한다. 반면에 지나치게 사교적인 사람은 굉장히 장황한 수다를 늘어놓거나 말도 빠른 편에 속하며, 때로는 자신들이 느끼는 바를 솔직하게 말하기 때문에 자신도 모르는 사이에 다른 사람의 비위나 감정을 상하게 하는 경우도 있다.

▶ 설득 포인트 : 직접적인 성과 위주의 설득보다는 사람과의 우호관계의 향상이라는 측면에서 관계지향적 가치를 강조한다. 사교적이고 우호적인 것을 좋아하기 때문에 여러 사람과 만날 수 있는 모임 등에서 여러 사람과 의견을 묻어갈 수 있도록 대중심리를 이용한다. 열성적으로 수집된 개인적 정보에 의하여 의견을 제시하고 먼저 동의의 요점을 제시한다. 핵심을 돌리지 말고 바로 말하되, 회합 시 사람과의 관련성을 찾는다.

이것 봐! 내가 맞잖아! 쇼맨십 잘난체형

남의 눈에 띄기 좋아하는 유형으로 주인공으로 대접을 받지 못하면 참지 못하는 유형이 이에 해당한다. 이런 유형은 자신의 신상에 관한 일중 잘된 일을 확대해서 말하기도 한다. 심한 경우 남을 몰아내려고 모사를 꾸미는 형이기도 하다. 은근히 야심가의 일면도 가지고 있다. 여러 사람의 의견에 따라가는 것을 자존심 상해하기도 한다. 이들은 자신만의 나침반을 갖고 움직이기 때문에 자신들이 설득 당했다는 느낌을 싫어한다.

▶ 설득 포인트 : 상대가 이야기할 기회를 많이 줘서 자기 만족감을 느끼게 해준다. 공헌에 직접적 보상을 하고 많은 사람 앞에서 감사의 표현을 하면 효과 백배이다. 행동을 비평하기 전에 먼저 존중해야 하며 비평적 피드백이 불가피할 때는 조심스레 말해야 한

다. 역으로 고의로 실수를 해서 그것을 지적할 기회를 주면 의외로 좋은 결과가 나오기도 한다. 칭찬의 효과를 가장 쉽고 높게 볼 수 있는 유형이다. 설득을 위해 사용할 수 있는 단어로는 '유일', '멘토', '역시', '가치', '반응', '기회', '관계' 등을 들 수 있다.

데이터 없인 못살아! 사색 논리형

매사에 이론적으로 분석하는 능력이 탁월한 유형이다. 이런 유형은 좀처럼 틈을 보이지 않기 때문에 친해지기 어려운 인상을 준다. 교과서적인 경우도 많아서 재미없다는 인상을 주기도 한다. '생각이 깊다', '명석', '논리를 중시한다', '이론파' 등의 평가가 많다. 데이터가 뒷받침된 자료에 대해 큰 관심을 나타내는 반면, 위험을 피하려는 경향이 매우 강할 뿐 아니라 최종 판단까지 많은 시간이 걸린다. 열성적인 독서광이 많다.

▶ 설득 포인트 : 논리적인 방법으로 접근하는 것이 중요하다. 상대의 논점을 사전에 철저히 파악해야 승산이 있다. 시장조사, 케이스 스터디, 비용 및 효과분석 등 가능한 한 많은 정보를 수집해 이를 근거로 설득하는 것이 가장 효과적이다. 이런 유형은 비교 데이터를 많이 요구하기 때문에 한 가지 정보만으로는 설득이 쉽지 않다. 특히 상황을 빠짐없이 이해하려고는 노력하지만 의사결정형과는 달리 어떻게든 위험을 피하려고 하는 성향이 있다. 따라서 설득할 때에는 우려되는 사항을 솔직하게 전달하는 것이 무엇보다

중요하다. 이런 유형의 경우 내심 외로움을 타는 경우가 있으므로 먼저 흉금을 털어 놓고 이야기하는 것이 효과적이다.

카리스마 짱! 의사결정형

자신의 결정에 대해 자신감을 갖고 있고 다른 어떤 사람보다 더 많은 정보를 알고 있다고 생각하는 유형이다. 이런 유형은 주로 '정열가', '카리스마적인 매력' 또는 '달변', '힘으로 상대방을 압도', '불굴의 정신' 등의 단어로 평가되고 있는 의사결정형은 새로운 아이디어에 많은 관심을 가지고 있으면서 다양한 정보를 근거로 최종 판단을 내리는 경향이 있다. 자신의 언행에 책임을 지는 것은 물론, 위험을 취하는 데에도 주저하지 않으며, 객관적인 정보와 사실을 매우 중요시한다.

▶ 설득 포인트 : 성과에 초점을 맞추면서 알기 쉬운 설명과 솔직함을 전면에 내세우는 것이 바람직하다. 논쟁적 수다는 금물이며 강요당하고 있다는 인식을 받지 않도록 주의해야 한다. 쉬운 단어를 이용해 단도직입적으로 논지를 전달하고 차트 등을 이용하여 시각적으로 설명하는 것이 효과적이다. 또 위험 가능성에 대해서도 솔직하게 설명하고 위험을 최소화할 수 있는 방법을 설명하는 것이 바람직하다. 그러나 성격이 급한 경우가 많으므로 핵심 사안을 먼저 설명하는 것이 좋다. 자신을 낮추고 상대방의 자존심을 만족시켜 주면서 스스로 선택하도록 정보 제공에 충실하는 편이 효과적이다.

왠만해서 못 믿어! 독선적 딴지형

모든 데이터에 의심의 눈초리를 보내고, 특히 자신의 세계관에 반하는 정보에는 강한 경계심을 가지는 유형이다. 때로 매우 공격적인 모습을 보이기 때문에 '독선적인 고집불통'으로 평가되는 경우가 많다. 또한 상대에 대한 요구 수준이 높고 알력을 피하려고 하지 않으며, 주위 사람들이 불쾌감을 느끼는 데에 개의치 않고 자신의 생각을 피력하기도 한다. 독선적 딴지형은 돌려가면서 은유적으로 비평을 하기보다는 단도직입적으로 충고를 하므로 솔직한 충고를 들을 수 있다.

▶ 설득 포인트 : 기분을 맞춰 가며 냉정하고 자제된 태도로 이야기한다. 생각하고 경청하면서 흉금을 털어놓으면 예상외로 좋은 결과를 얻을 수 있다. 이러한 유형의 상대를 설득하기 위해서는 높은 신뢰를 획득하는 것이 무엇보다 중요하다. 왜냐하면 이들은 동창생 또는 과거 같은 기업에 근무했던 동료 등 자신과 공통점을 가진 사람들에게 신뢰를 보이는 경향이 강하고 권위자에게도 쉽게 신뢰를 보인다. 따라서 설득을 시작하기 전에 신뢰를 획득하기 위한 방법을 모색해 둘 필요가 있다. 상대방이 신뢰하는 인물에게 소개를 부탁하는 것도 한 방법이다. 이와 같은 독선적 딴지형의 의견에 반론을 전개하는 것은 위험이 크기 때문에 신중을 기할 필요가 있다.

위험한 건 NO! 안전제일형

안전제일형은 유사한 상황에서 과거 자신이 어떠한 의사 결정을 했는지, 신뢰할 수 있는 사람들은 어떻게 생각할지를 기준으로 의사를 결정한다. 이들은 무엇인가를 결정할 때 과거 비슷한 사례를 분석하는 습성이 있다. 특히 잘못된 판단을 내리는 것을 두려워하기 때문에 참신한 정책을 새롭게 도입하는 경우는 드물다. 또 제3자의 관점에서 사물을 바라보는 데에 매우 능숙하며, 자신의 판단에 전적으로 책임을 지려고 노력하는 형이다. 다른 사람을 추종하려는 경향이 있다는 사실조차 인정하려 하지 않으며, 오히려 혁신성과 선견성을 내세우려고 한다.

▶ 설득 포인트 : 안전제일형을 설득할 때는 과거 사례를 잘 활용해야 한다. 중요한 점은 안전제일형을 설득할 때 상대보다 앞서 나가면 안 된다는 것이다. 과거의 성공 사례를 보여주고 그가 판단할 때까지 기다려야 한다.

안전제일형을 납득시키기 위해서는 기존의 성공 사례를 제시해 판단에 자신을 가질 수 있도록 하는 것이 중요하다. 자신의 능력과 과거의 성과를 내세우는 것은 바람직하지 않으며, 오히려 상대방이 과거에 내린 판단과 그들이 신뢰하는 사람의 판단을 원용하는 것이 바람직하다. 설득을 위해 사용할 수 있는 단어로는 '상세', '신속', '전례에 따라', '전문성', '실적', '성실' 등을 들 수 있다.

동에 번쩍 서에 번쩍! 밥그릇형

잔꾀가 많고 약삭 빠른 유형이다. 이런 유형은 자신에게 조금이라도 불리하면 무조건 회피하거나 귀찮은 일은 슬쩍 빠져나가려고 한다. 이득이 되는 곳에서는 언제나 나타나지만 책임을 지는 일을 부담스러워한다. 제 밥그릇 하나는 정말 잘 챙기는 형이기 때문에 이상론적 발상보다는 실질 이득이 되는 일을 선호한다.

▶ 설득 포인트 : 되도록 부담을 주지 않도록 신경을 쓴다. 구체적이고, 세세하게 표현하고 다짐을 받아 놓는 것이 좋다. 실질적 보상과 혜택을 시간적 근거로 제시를 하면 효과적이다. 창의적 아이디어나 발상 등을 높이 사고, 적용시킬 만한 현실적 방법을 찾아보는 노력을 하여 신뢰를 쌓는 것이 중요하다.

큰 세상을 위해! 가치공헌형

관계와 소통을 중시여기는 가치공헌형은 조화로운 조직과 팀을 위해 분위기를 조율하고, 작은 사안에 대해 원인을 밝히기보다 큰 맥락적 대안을 제시하는 유형이다. 이런 유형은 따뜻하고 다정하며, 상대의 상황에 대해 직관적으로 인정하고 공감하는 능력이 뛰어나다. 협조와 협력을 지지하기 때문에 개인적 가치보다는 집단의 가치를 지향한다. 자칫 현실과 다소 먼 대안을 제시하여 사람들로 하여금 이상론자라 불리는 경우도 있다.

▶ 설득 포인트 : 관계와 신뢰를 개발하여 그들의 노력을 이해해고 함께 동참하는 것이 좋다. 지나치게 분석적이거나 비판적인 말은 피하고, 조화를 유지해야 한다. 개인적 가치보다는 여러 사람의 가치와 관계를 중시하므로, 나무보다는 숲을 위한 제안을 하면 효과적이다. 그들의 성과나 행위에 대한 보상을 주고 지지한다면, 생각보다 빠른 시간 안에 우호적인 관계가 된다. 이들에게는 협조, 협력, 포괄성을 강조하고 조화를 이룰 수 있는 기회를 제공한다.

제6장
좋은 수다는 좋은 질문이 결정한다

입은 화의 문이요, 혀는 이 몸을 베는 칼이다.
입을 닫고 혀를 깊이 간직하면 몸 편안히
간 곳마다 튼튼하다.

전당시

수다의 핵심은 질문이다

수다의 핵심은 질문이다. 질문은 사람을 생각하게 만든다. 질문을 받으면 인간은 본능적으로 해답을 찾기 위해 생각을 한다.

대부분의 수다는 언어를 통해서 이루어진다. 실제적인 활동이나 구체적 경험도 대체로 언어에 의해서 효과적으로 이루어질 수 있다. 그리고 화자와 상대방 간의 상호작용은 단순히 언어로 이루어지다 보니 기계적으로 생각없이 주고 받는 경우도 있다.

기계적이고 일방적인 수다에서 벗어나 상대방의 참여와 사고를 유발하기 위해서는 수다에서 적절한 질문을 사용해야 한다. 화자가 사용하는 여러 가지 질문은 수다의 방향과 질을 결정짓는 중요한 요소가 되며, 질문을 통해 화자는 상대방으로 하여금 수다내용에 의문과 호기심을 갖게 함으로써 상대방의 듣고자 하는 의욕을 고취시키고 사고의 폭을 넓혀 준다. 그리고 질문은 수다 중에 상대방의 이해도를 측정하고자 할 때 사용한다.

수다를 효과적으로 진행하기 위한 질문에도 요령이 있다. 긍정이냐 부정이냐의 '예', '아니요' 식의 닫힌 질문이 아닌 '어떻게 하면 일이 순조롭게 진행될 수 있겠니?', '잘되기 위해서 내가 도와줄 일은 무엇이니?' 라는 식의 긍정적인 질문을 던져야 한다.

질문의 힘은 위대하다

질문은 상대방에게 마음을 열게 해준다

질문을 받으면 자기에게 관심을 갖는다고 느끼고, 자기에게 관심을 가져 주면 사람은 누구나 기분이 좋아진다. 그러면 상대방에 대해 경계가 풀리고 자연스럽게 마음이 열리게 된다.

질문은 분위기를 바꿔 준다

화자가 일방적으로 수다를 진행하면 분위기는 어색하고 딱딱하게 되기 쉽다. 이럴 때는 상대방에게 가벼운 질문 하나를 던져 분위기를 일순간 바꿔 놓을 수 있다.

질문은 생각을 자극한다

모든 발명과 발견은 질문이 생각을 자극한 결과라고 한다. 수다를 일방적으로 하게 되면 듣는 순간부터 수동적이 된다. 그러나 질문을 받게 되면 질문에 대한 답을 하기 위하여 능동적이 된다. 따라서 질문은 생각을 자극한다.

질문하면 답이 나온다

가끔 화자가 수다를 하면서 스스로 말문이 막히거나 답이 생각나지 않는 경우가 있다. 이런 경우 자연스럽게 상대방에게 질문하면 화자가 필요로 하는 답을 얻게 해준다.

질문은 귀를 기울이게 한다

화자가 일방적으로 지시를 하게 되면 상대방은 수동적으로 듣기만 한다. 그런데 사람은 1분 동안에 약 180단어를 말할 능력을 가지고 있는 데 비해, 생각할 능력은 말하는 능력의 약 3배가 된다는 연구결과가 있다. 그래서 상대방은 화자의 말을 들으면서도 다른 생각을 할 수 있다. 그러다 보면 상대방은 귀를 기울여 정성껏 듣지 않고 건성으로 듣게 된다. 이때 상대방은 질문을 받으면 그 답을 하기 위해서 생각을 하게 된다. 그래서 질문은 상대방에게 다른 생각을 하지 않고 화자의 말에 귀를 기울이게 한다.

질문은 사람을 변화시킨다

질문은 질문을 받은 사람이 전혀 새로운 방향, 다시 말하면 전혀 다른 방향으로 생각을 하게 만드는 힘을 갖고 있다. 질문은 질문 받은 사람의 생각을 결정하고, 생각은 그 사람의 행동을 결정한다. 따라서 질문하는 사람이 원하는 방향으로 수다를 이끌어 갈 수 있을 뿐만 아니라 그 사람을 변화시킬 수 있는 것이다.

질문도 알고 해야 효과가 있다

질문에는 장점이 많다. 수다 중 질문은 원활한 의사소통과 합리적인 의사결정 그리고 좋은 인간관계를 맺고 유지하기 위해서 매우 효과적인 방법임을 알 수 있다. 뿐만 아니라, 화자가 상대방을 변화하도록 하고, 필요한 답을 찾게 하고, 원하는 목표를 달성하도록 하는 수다를 위해서도 질문은 필수적으로 사용된다. 이 때 화자가 상대방에게 어떤 질문을, 언제, 어떻게 하느냐 하는 것이 관건인데, 질문을 잘하기 위해서는 질문 방법을 정확히 알고 상황에 맞게 사용하면 좋은 효과를 가져 올 수 있다. 질문 방법은 다음과 같다.

정보 재생 질문

알고 있었던 내용이나 경험한 사실을 알아보기 위한 질문이다. 대개 단순한 지식과 사실, 방법과 원리 열거, 계산 결과 등에 관한 질문으로 일문일답의 형식을 취하는 질문이다.

> 예 미국 대통령의 이름은 뭐지요?

추론 질문

상대방이 기존에 가지고 있는 지식, 정보 등을 이용하여 비교, 대조, 구분, 분석, 종합 응답하게 하는 질문이다. 또한 상대방이 생각을 해서 응답을 해야 하는 일종의 문제 해결 수준의 질문이다. 이 질문은 상대방이 추론하고, 자료를 해석하고, 두 요인 이상 간의 관계를 찾아내고, 설명하도록 하는 높은 수준의 질문이다.

> 예 에티켓과 매너의 다른 점은 뭐지요?

적용 질문

상대방의 확산적 사고를 자주 하기 위하여 새로운 사안에 적용하거나 예언하도록 하는 질문이다. 이 질문은 상대방이 예언하고, 이론을 발전시키며, 원리를 새로운 사태에 적용시키는 응답을 할 수 있는 높은 수준의 질문이다. 일반적으로 수다의 정리 단계에서 수다 내용을 토대로 새로운 가설을 세운다거나 심화 발전된 문제를 해결하고자 할 때 사용할 수 있다.

> **예** 세상에 물이 없다면 어떻게 될까요?

수렴적 사고 질문

이미 알고 있거나 기억된 자료의 분석과 통합에 관련된 질문이다. 정보의 해석, 연결, 설명, 결론 도출 등과 같은 정신적 활동을 촉진시키기 위해 사용된다. 수렴적 사고 질문이라도 상대방이 광범위한 독서를 하였거나 전에 이런 질문이나 유사한 질문을 받은 경험이 있는 경우에는 정보재생 질문이 될 수도 있다.

> **예** 태국에 가면 뭐가 좋아요?

확산적 사고 질문

상대방에게 필요한 자료를 모두 제시하지 않은 상황에서 상대방이 자유롭게 자신의 생각을 말하게 하는 질문이다. 주로 상대방의 사고를 특정한 방향으로 제한할 만큼 충분한 정보를 제공하지 않은 상황에서 사고를 자극할 때 사용한다.

> **예** 석탄과 기름이 고갈된다면 어떤 일이 일어날까?

평가적 사고 질문

사실 문제보다는 가치의 문제를 다루는 질문이다. 상대방이 가지고 있는 가치관에 의해 평가하도록 질문하는 것을 말한다.

> **예** 고부간의 갈등에 대해 어떻게 생각하세요?

확대 질문

확대 질문은 질문을 받은 사람이 생각을 해야만 대답이 가능한 질문을 말한다. 따라서 확대 질문은 어느 정도의 생각이 필요하고 해답 역시 다양할 수 있다. 이러한 확대 질문은 상대방이 지닌 능력이나 가능성을 확대한다는 의미이다.

> **예** 당신의 삶의 목적은 무엇입니까?

미래 질문

미래 질문은 과거의 잘못이나 경험보다는 앞으로의 가능성에 초점을 맞춘 질문이다. 그렇다고 과거의 질문이 전혀 필요 없다는 의미는 아니다. 하지만 가능성이라는 것이 미래에 존재하는 것이기 때문에 가능성을 이끌어내기 위해서는 미래 질문이 효과적이다.

> **예** "지금까지 어떻게 했는가?"라는 질문보다는 "앞으로 어떻게 해 나가고 싶은가?"

긍정 질문

긍정 질문은 질문할 때 긍정적으로 물어보는 것을 말한다. 긍정 질문이란 상대로 하여금 자신감을 심어준다. '아닌 것은 무엇인가?', '안 되는 것은 무엇인가?' 라는 부정적 질문은 상대로 하여금 자신감을 상실케 할 뿐만 아니라 가능성을 원천 봉쇄하는 것이다. 긍정 질문은 질문이 더욱 밝고 가능성을 보여주게 된다. 또한 부정 질문은 상대를 질책하는 뜻이 담겨 있으므로 오히려 일의 추진을 더디게 만든다. 긍정적인 질문이 긍정적인 결과를 가져오게 만든다.

> **예** "어째서 일이 잘 되지 않는가?" 보다는 "어떻게 하면 일을 잘 처리할 수 있겠는가?"

개방형 질문

개방형 질문은 사람들로 하여금 생각을 하게 만들고 토의를 이끌어 낸다. 상대방이 함께 참여해서 의견을 교환하게 하며, 심층적인 대답을 하게 된다.

개방형 질문은 응답으로 하여금 광범위한 반응을 얻고 싶을 때, 응답의 범위가 클 것으로 기대될 때, 응답자의 자발적인 응답에 관심이 있을 때, 그리고 응답자의 동기를 좀 더 파고 들어가 보고 싶을 때 유용하다.

제시된 보기를 선택하는 것이 아니므로 한 질문에 응답하는 시간이 많이 걸리며, 응답 거부율이 높아질 수 있다.

> **예** "이것이 좋은가요?" 아니면 "저것이 좋은가요?" 보다는 "이 일을 좀 더 잘 하려면 어떤 점을 바꿔야 할까요?", "어떻게 그런 결정을 내리게 되었나요?"

좋은 질문에는 조건이 있다

명확하고 간결하게 한다

화자의 질문이 무엇을 묻는 것인지를 상대방이 쉽게 이해하여 대답할 수 있도록 질문을 해야 한다. 질문에 대한 답을 잘 못하는 경우에는 응답의 방향과 내용을 유도해 주어야 한다. 따라서 설명적인 장황한 질문이나 이중, 삼중의 중복적인 질문은 피해야 한다.

질문을 계열화한다

여러 개의 질문을 할 때는 질문의 순서를 정해서 순서대로 묻는 것이 좋다. 예를 들면 질문으로서 문제해결 방법을 차례차례 찾아가도록 하는 것이 바람직하다. 그리고 너무 빨리 많은 질문을 하면 상대방이 당황스러워져 더 이상 수다를 유지하기 어렵다. 그리고 초점이 없거나 추측해서 대답해야 하는 질문을 하게 되면 수다를 멈추게 된다. 따라서 순서에 따라 적절하고 중요한 질문을 하려고 노력한다.

사고를 자극시키는 질문을 한다

질문은 상대방의 사고를 자극할 수 있는 문제점이나 의문, 또는 모순점 등을 생각할 수 있는 질문을 해야 한다. 단순한 답이나 기억 재생을 위한 질문은 되도록 하지 않아야 한다.

개인차를 고려하는 질문을 한다

화자는 질문을 할 때 상대방의 개인차에 따라 난이도를 조절해야 한다. 상대방의 수준에 비해 어려운 질문을 하게 되면 수다가 중지되고, 너무 쉬운 질문을 하게 되면 잔소리가 될 수 있다.

생각할 시간을 충분히 준다

화자가 질문할 때에는 상대방이 응답이 가능하도록 적어도 5~15초 정도는 기다려 주어야 한다. 상대방이 계속하여 대답이 없는 경우에는 대신 대답해 버리지 말고 오히려 단서나 힌트를 주거나, 문제를 쉽게 설명해 주거나, 또는 비슷한 문제를 예시해 주어 질문에 답하도록 유도해야 한다.

열린 질문과 닫힌 질문이 균형있게 이루어져야 한다

열린 질문이란 발산적 사고를 요구하는 질문이며, 다양하며 독특한 생각을 격려하는 질문이다. 반면에 닫힌 질문이란 답이 정해진 질문이며 특별한 사고가 필요없는 질문이다. 너무 열린 질문을 많이 하면 상대방이 부담을 갖게 되며, 너무 닫힌 질문을 많이 하면 수다가 재미 없어지기 때문에 적절하게 균형을 맞추어 질문한다.

핵심에서 벗어나지 않아야 한다

상대가 "다시 한 번 말씀해 주시겠어요?" 라고 하거나 더 심하면 "그게 이 문제와 무슨 관계가 있죠?" 라고 한다면 질문이 핵심에서 벗어나고 있다는 증거이다. 이미 그 정도의 말을 할 정도라면 수다는 다른 방향으로 흘러가고 있다고 해도 과언이 아닐 것이다. 효과적인 질문은 반드시 핵심을 벗어나지 않고 핀트를 잘 맞추어야 가능하다.

적절해야 한다

상황이나 타이밍이 부적절한 질문은 상대를 당혹하게 하거나 분위기를 어색하게 만든다. 따라서 질문할 때는 목적과 상황, 분위기, 타이밍에 맞게 질문해야 한다. 만약 아차하는 사이에 적절치 않은 질문을 하였다면 재빨리 초점을 되찾아 상황을 반전시켜야 한다. 그러기 위해서는 질문할 때 상대방의 표정과 분위기를 고려해야 한다.

긍정적이고 건설적이어야 한다

생각을 키워주는 질문을 하기 위해서는 항상 긍정적인 방향으로 이끌어야 한다. 예를 들면 "지각을 반복했을 때 어떤 벌칙을 주어야 할까요?" 하기보다는 "지각을 하지 않으려면 어떤 좋은 방법이 있을까요?" 라고 한다면 받아들이는 사람도 긍정적인 생각과 답을 제시할 것이다.

정답을 요구하지 않아야 한다

질문을 할 때 이미 정답을 정해 놓고 끼워 맞추듯이 하거나 답이 정해진 상태의 질문은 생각을 자극하지 못한다. 예를 들면 "이것이 옳은 방법은 아니죠?" 또는 "더 이상 좋은 방법이 없을 것 같은데 어떠십니까?" 라고 한다면 대답은 아주 쉽거나 의미가 없어질 것이다. 또는 대답할 의욕마저 없어질 것이다. 만약 동의하지 않는 정답을 요구할 때는 자칫 감정만 상하게 하여 수다는 엉망이 되어버릴 것이다.

긍정적 분위기로 수용해야 한다

화자는 상대방의 응답에 대하여 관심과 호기심을 가지고 귀 기울여 깊게 이해하려고 노력해야 한다. 그래야 적극적인 질문이 비로소 가능해진다. 응답이 원하는 것이 아니라도 잠정적으로는 그것을 수용하고 받아들인다. "맞다", "틀렸다"와 같이 반응할 것이 아니라 "그렇군", "그렇게 생각할 수도 있겠군" 등과 같은 말로 받아들인다. 되도록 기를 꺾는 반응보다는 긍정적인 반응을 많이 하는 것이 수다를 활기차게 한다.

예

- (네)가 그렇게 행동하면 (나)는 어떻게 해야 할까?
- (네)가 이 문제를 풀게 되면 (나)는 무척 행복할 것 같은데…
- (내) 생각은 ~한데 (네) 생각은 어떤지 말해줄 수 있을까?

답변 응답에도 요령이 있다

상대방의 답변에 대한 화자의 부정적인 태도는 상대방이 더 이상 답변을 성의껏 하지 않게 하거나, 답변에 관심을 갖지 않도록 만들게 된다. 따라서 답변에 대한 응답 결과의 처리에 대해서도 깊은 관심을 기울여야 한다. 특히 상대방의 사고력과 창의력을 신장시키기 위해서는 다양한 답변에 대한 사려 깊은 응답을 해야 하는데 그 방법은 다음과 같다.

성공적인 답변에 대해서는 칭찬과 격려를 아끼지 않는다

화자의 질문에 대하여 상대방이 답변을 잘하면 그에 대해서는 꼭 칭찬을 아끼지 말고 해야 한다. 또한 상대방의 어려운 부분이나 한계를 이야기하면 그에 적절한 격려를 해주어야 한다. 칭찬과 격려는 상대방에게 의욕강화를 제공하여 다음의 문제 해결에 자신감을 준다. 그뿐만 아니라 답변에 대한 응답이 상대방에게 인간적으로 대우를 받고 있다는 생각에 더욱 답변을 잘하게 하는 동기를 유발할 수 있다.

예

상대방 : "저는 자신감이 너무 부족해서 무슨 일이든 닥치게 되면 두려움이 먼저 옵니다."

화 자 : "네, 누구나 처음에는 그렇습니다. 당신은 수다를 통해 자신감을 얻어서 무슨 일이든 잘 할 수 있게 될 겁니다."

질문에 대한 답변이 틀리면 구체적으로 이야기해 준다

만약 화자의 질문에 대하여 상대방이 틀린 답변을 하게 되면 무시하거나 핀잔을 주어서는 안 된다. 화자는 상대방의 답변에 대하여 틀린 부분을 구체적으로 지적하고 기분 나쁘지 않도록 해결책을 제시해 주는 것이 좋다. 틀렸을 경우라도 격려적 칭찬으로 자기의 결점을 쉽게 찾도록 해야 한다.

예

상대방 : "저는 행복의 가치를 돈이라고 생각합니다."

화 자 : "물론 돈이라고 생각할 수도 있지만 돈이라고만 한다면 너무 인생이 각박하잖아요. 그러니까 당신이 가진 능력을 행복의 가치라고 생각하면 어떨까요?"

상대방의 상황을 분석하고 이야기한다

수다능력이 부족한 상대방은 자기 표현능력이 부족하여 어눌하게 답변할 수 있다. 그리고 내향적인 상대방은 소극적으로 답변을 하게 된다. 이러한 경우에는 틀린 답변에 대하여 지적할 경우 마음을 다칠 수 있기 때문에 상대방의 상황에 맞도록 한층 세심한 주의를 해야 한다.

상대방을 편애하지 않고 이야기한다

화자가 똑같은 응답에 대하여 어떤 상대방의 답변은 받아들이고, 다른 상대방의 답변을 배척한다든가 질책이나 방관하는 등의 불공평한 처리는 상대방의 반감을 불러 온다. 따라서 객관적 입장에서 상대방들의 모든 말을 수용하고 결과도 같게 평가를 해야 한다.

자연스런 분위기를 만들기 위한 질문 노하우

- 일과 관련된 질문
- 취미와 관련된 질문
- 지난 만남 시 화제와 관련된 질문
- 요즘의 뜨거운 감자와 관련된 질문
- 건강에 관련된 질문
- 의상이나 외모에 관련된 간접 칭찬 질문
- 상대방의 최근의 관심분야에 관련된 질문

제7장

수다를 즐겁게 해주는 경청

누구도 자기가 하는 말이 다 뜻이 있어서
하는 것이 아니다.
그럼에도 자기가 뜻하는 바를 모두 말하는
사람은 거의 없다.

H. 애덤즈

경청의 종류

좋은 질문과 경청은 수다의 양대 축이다. 그중에서 경청은 수다를 즐겁게 만들어 준다. 한 연구보고에 따르면 85% 이상의 사람들이 경청능력에 있어서 평균 이하였고 5%에도 못 미치는 사람들만이 우수하거나 뛰어나다는 평가를 받았다고 한다. 대부분의 사람들은 남의 말을 잘 들으려 하지 않고 다음에 무슨 말을 할까에 더 신경을 쓰기 때문에 결과적으로 자신이 청취한 전체 내용의 25%만을 경청하게 되고 나머지 75%는 그냥 흘려 들어버리게 된다고 한다.

사람들은 상대가 이야기하는 동안 딴 생각을 하기 일쑤이거나 듣고 싶은 것만 골라서 듣기도 한다. 즐거운 수다가 되기 위한 여러 요소들 가운데 가장 중요한 것이 경청이다. 경청은 단순히 남의 말을 듣는 것이 아니라, 두 귀로 상대방을 설득하는 방법이다. 한자로 청(聽)자에는 귀 이(耳)와 임금 왕(王)이 들어 있다. 이는 귀를 왕처럼 크게 열라는 의미이다. 눈 목(目)자가 있고, 그 아래 일심(一心)이 있다. 눈을 똑바로 뜨고 마음까지 열어서 보라는 의미이다. 듣는 것이라는 행위가 얼마나 큰 의미를 가진 행위인지 한자의 구성요소만 봐도 알 수 있다.

경청하는 방법에는 소극적 경청, 승인 반응, 적극적 경청이 있다.

소극적 경청(침묵)

소극적 경청은 수다 중에 아무런 말도 하지 않고 가만히 들어주는 것을 말한다. 소극적 경청은 화자의 수다내용을 수용한다는 것을 말해 준다. 소극적 경청은 상대방으로 하여금 더 많은 이야기를 털어놓도록 격려해 주는 효과적인 비언어적인 메시지이다. 화자가 말을 많이 하면 상대방은 자신이 하고 싶은 이야기를 할 수 없기 때문이다. 화자가 침묵하면서 상대방의 이야기를 수용하고 경청하면 상대방에게 공감과 온정을 전달할 수 있다. 그러나 침묵 반응은 상대방의 수다를 촉진해 주기는 하나 수다를 더욱 활기차게 이끌어 주지는 못 한다.

승인 반응

화자가 상대방이 이야기하는 동안에 깊은 관심을 기울이고 있다는 메시지를 전달하는 것을 승인 반응이라 한다. 예를 들어 할 수 있다. 고개를 끄덕이는 것, 몸을 약간 상대방 쪽으로 기울이는 것, 미소를 짓는 것, 얼굴에 표정을 나타내는 것, 그 외의 몸짓을 적절히 사용하면 상대방으로 하여금 내가 정말 듣고 있다는 사실을 느끼게 해준다.

"아 그랬군요", "오, 그랬어요?" 등과 같은 짧은 언어적인 메시지를 보내 줌으로써 상대방의 이야기를 더 끌어낼 수 있다.

적극적 경청(반영적 경청)

적극적 경청은 상대방의 수다를 듣고 말뿐만 아니라 행동도 자꾸 이야기를 하도록 유도하는 반응을 말한다. 침묵이나 승인 반응보다 강력한 반응은 적극적으로 경청을 하는 것이다. 상대방이 이야기를 꺼내도록 하기 위하여, 화자는 "그것에 대하여 좀 더 이야기해 줄래요?", "그것 참 재미있네요. 계속해 보세요", "그 결과 어떻게 되었는지 궁금하네요", "그것에 대해 좀 더 자세히 말하고 싶지 않나요?" 와 같은 반응을 보이는 것이다.

상대방의 수다를 경청하는 가장 효과적인 반영은 메시지를 표현하지 않고 다만 상대방이 말한 메시지를 그대로 반영해 주거나 다시 상대방의 반응을 반복해서 확인하는 종류의 언어적 반응이라고 할 수 있다. 이것을 반영적 경청이라고도 한다.

경청 과정

경청은 상대방에 관심을 집중시키고 열심히 듣는 아주 능동적이고 적극적인 과정이다. 경청을 잘하기 위해서 다음과 같은 과정으로 진행하는 것이 효과가 좋다.

1단계 : 경청 목적 세우기

경청의 첫 단계는 목적을 가지고 경청하는 것이다. 수다를 경청하는 도중에 목적이 없다면 상대방의 말에 대하여 무관심하게 들을 수 있으나, 정확한 목적을 가지고 있으면 상대방의 말에 관심을 갖게 될 뿐만 아니라 경청과정에 상대방의 의도를 분석하는 데 도움이 된다.

예를 들어, 이번 상대방과의 수다에서 상대방의 심리적인 상황을 분석하는 입장에서 경청하겠다는 목적을 세우면 화자는 상대방의 수다 속에서 상대방의 심리적인 상황과 관련된 수다내용을 찾아내려고 노력하게 되며, 질문의 초점도 자연스럽게 상대방의 심리적인 상황에 대한 질문을 하게 된다.

경청에서 목적을 가지고 듣게 되면 목적을 가지고 듣지 않았을 때에 비하여 쓸모없는 수다로 시간을 낭비하는 요인이 대폭 감소할 수 있다.

2단계 : 정서적인 분위기 만들기

경청의 목적을 세웠다면 다음으로 해야 할 일은 수다 분위기를 정서적으로 만드는 것이다. 정서적인 분위기가 되어야 수다가 순조롭게 진행될 수 있어 경청할 수 있다. 정서적인 분위기를 만들기 위해서는 우선 화자가 수다에서 경청을 방해하는 요소들을 제거해야 한다. 그리고 상대방이 화자가 완전하게 자신의 의견에 대하여 수용해주고 있다고 느끼게 해주어야 한다. 이러한 정서적인 분위기에서 상대방은 자신의 감정이 존중을 받고 있으며, 자신이 한 인간으로서 존경을 받고 있다는 것을 경험하게 된다. 결국 정서적인 분위기는 상대방으로 하여금 마음의 문을 열고 솔직해진 상태에서 수다를 시작할 수 있게 만들어 준다.

대부분의 사람들은 수다에 집중하다 보면 자신이 훌륭한 화자라는 환상을 가지고 있을 수 있다. 그러나 훌륭한 화자가 되기 위해서 가져야 할 것은 바로 경청능력이다. 경청능력은 전문적인 기술로 자기에 대한 인식 정도, 자기 수용 정도, 스트레스 대처능력 등 여러 요인의 영향을 받는다.

경청의 방해요인으로는 부족한 경청기술, 바람직하지 못한 태도, 심리적인 불안 · 말참견 등을 들 수 있다.

3단계 : 수다에 집중하기

수다에 집중하기 단계는 수다 중에 상대방에 대하여 주의를 집중하고 관심을 전달하는 단계이다. 상대방에 대한 '집중'이란 상대방의 수다는 물론 태도나 자세까지도 완전히 집중한다는 것을 의미한다. 상대방의 수다에 집중하기 위해서 화자는 경청 중에 상대방에 대한 편견, 선입견을 억제하고 관심을 높이도록 노력해야 한다. 상대방의 수다에 집중하는 방법은 다음과 같다.

- 화자는 먼저 시선을 통해 상대방과 접촉을 한다. 진지한 관심을 가지고 "당신을 이해합니다"라는 뜻이 전달되도록 자연스러운 눈길을 보낸다.
- 상대방과의 거리를 조정한다. 거리가 너무 가까우면 상대방이 부담감 혹은 압도감을 느끼고, 너무 멀리 떨어져 있다면 감정적인 거리감을 느낄 수 있다. 의자의 각도 역시 중요하다. 상대방은 너무 많은 시선접촉에 오히려 민감하기 때문에 정면으로 앉는 것보다 비스듬한 각도로 앉는 것이 더 효과적이다. 이는 화자와 상대방의 양쪽 다 편안함을 허용하기 때문이다.
- 화자는 편안한 자세로 몸을 약간 상대방 쪽으로 기울이는 것이 좋다. 화자가 긴장되어 있으면 상대방이 편하지 않아서 수다에 집중하기 어렵다.

- 화자의 몸짓도 상대방에게 어떻게 전달되었는지 반응을 보고 자신이 의도된 대로 되었는지를 분명히 파악해야 한다.
- 침묵은 중요한 경청기술로서 주의집중을 일으키고 경청을 진행시키는 데 유효하게 사용할 수 있다. 특히 침묵이 유용한 때는 다음과 같은 때이다.
  - 침묵을 통해 상대방의 느낌을 같이 나눌 수 있을 때
  - 상대방이 분노로 비난을 퍼부을 때
  - 조용한 순간을 가짐으로써 더 의미 있는 시간을 가질 수 있을 때
  - 생각을 모으고 인식을 알아낼 때

4단계 : 수용하기

수용하기는 수다를 경청하는 동안 상대방의 수다내용 중에서 선별적으로 수용하는 것을 말한다. 따라서 수용하기에는 집중이 수반되어야 한다. 화자는 경청하는 동안 '어떤 말을 들을 것인가?', '언제 의미를 부여할 것인가?' 그리고 '어떤 생각을 할 것인가?'를 결정한다.

수다과정에는 수많은 말들이 오고 가는데 그중에서 수다에 도움이 되는 수다를 선별적으로 수용해야 수다의 효과를 높일 수 있다. 화자의 교육수준과 경험에 따라 수용의 정확도가 좌우된다.

수용하기의 기준은 '나와 너'로서, '나에 대한 나의 관점', '나에 대한 너의 관점', '너에 대한 나의 관점', '너에 대한 너의

관점' 사이에서 유용한 수다내용을 선택한다. 상대방을 적극적으로 이해하는 기술은 외부적 · 내부적 관점을 기본으로 한다. '나에 대한 나의 관점'과 '너에 대한 너의 관점'은 내부적인 관점이고, '나에 대한 너의 관점'과 '너에 대한 나의 관점'은 외부적인 관점이다.

5단계 : 평가하기

평가는 경청 중에 상대방이 표현한 언어적 메시지, 소리메시지, 신체메시지를 해석하는 것이다. 상대방은 경청과정 중에 자신의 의사를 언어적, 소리, 몸짓으로 제공한다. 신체를 통하여 나타내는 의사소통은 언어를 대신하며 감각을 표현하는 데 쓰이기도 한다. 평가하기에서는 수다 중에 표현되지 않는 상대방의 메시지를 경청할 수 있다. 따라서 평가하기에서는 상대방의 모든 부분을 주의 깊게 관찰하여 상대방이 표현한 수다에 숨겨진 비언어적 메시지뿐만 아니라 어떤 말을 회피하려는지도 알아야 한다. 그 외에도 상대방의 목소리 크기, 속도, 음절, 억양 및 굴곡에 주의해야 한다.

6단계 : 반응하기

반응하기에서는 지금까지 수다를 하면서 평가한 내용을 바탕으로 전달받은 메시지에 반응하고 피드백을 준다. 즉, 경청을 통해 상대방이 무슨 수다를 했는지, 상대방의 수다를 깊게 이해한다는 사실을 알려주어야 한다. 반응하기는 상대방의 수다를 있는 그대로 받아들이고 인정한다는 것을 다시 한 번 보여주는 것이다.

반응은 언어적, 비언어적으로 전달되며 적절한 시기에 적당하게 반응함으로써 화자의 이해를 반영해 준다. 상대방의 수다에 적절하게 반응하기 위해서 화자는 상대방의 메시지를 분석하고 결론을 이끌어내기 위해 간결하고 정확한 반응을 한다. 이때 화자의 반응에 대하여 상대방은 다양한 느낌을 받게 되므로 세밀한 주의가 필요하다.

화자의 반응에 대한 상대방의 생각

① 화자의 모호한 반응은 상대방을 어리둥절하게 하고 왜 저런 반응을 했을까 하고 고민하게 되므로 반응을 보일 때는 정확한 반응을 보여야 한다.

② 화자의 미숙한 반응은 상대방을 무시하는 기분이 들게 할 수 있으므로, 능숙하게 반응하여 상대방을 존중하고 있다는 생각이 들게 해야 한다.

③ 화자의 추상적인 반응은 상대방에게 무한한 상상을 하게 하므로 머리를 복잡하게 한다. 따라서 구체적으로 반응을 해야 한다.

7단계 : 수용하기

수용하기에서는 화자가 상대방의 수다를 이해하고 수용했음을 나타낸다. 수용은 의사소통에서 중요한 요소로서 자극을 받는 능력이며 전달내용에 대한 반응 및 타인의 존재를 받아들이는 것이다.

상대방은 화자가 자신의 수다를 잘 경청해서 이해되고 수용되었다는 것을 느끼면 만족감을 느끼게 된다. 이 만족감은 자신의 말이 경청할 만한 가치가 있고 또 그만큼 자신이 중요한 사람이라는 느낌을 가지도록 한다. 이렇게 되면 상대방은 수다에서 자신을 자유롭게 표현하고 수다를 통해서 행복해질 수 있다.

경청을 자연스럽게 효과적으로 사용하기 위해서는 무엇보다 화자가 상대방을 이해하고자 하는 마음가짐과 수다를 신뢰하고 수용하려는 태도가 필요하다. 상대방의 수다를 효율적으로 경청하려면 상대방이 문제 해결능력을 갖고 있다는 것과 스스로 독립적인 정체성을 가지고 있다는 확신이 필요하다. 이러한 확신은 화자의 경청을 더욱 강화한다.

효과적인 경청의 조건

수다 중에 경청을 잘하게 되면 "당신이 나의 고민을 들어준다는 사실만으로도 힘을 얻는다", "이야기하고 나니 속이 풀린 것 같다"는 이야기를 종종 들을 수 있다. 남의 얘기를 아무 판단 없이 들어준다는 것은 분명히 기술이다. 경청은 자기의 삶의 틀을 버리고, 도덕적인 판단을 유보하고, 오로지 인내심을 가지고 상대방의 수다에 귀를 기울여 주어야 하기 때문이다.

경청은 나의 모든 것을 집중하여 상대방의 수다가 가치있다는 것을 보여주는 수다기술이다. 따라서 다음과 같은 조건들을 고려하면서 경청하면 효과가 높다.

잠재능력을 발휘하도록 수다를 유도한다

화자는 모든 상대방이 궁극적으로 자신의 문제를 스스로 풀어갈 수 있는 능력을 가지고 있다는 신념을 가지고 무한한 잠재능력을 발산하도록 수다를 유도한다. 경청을 통해 상대를 존중한다는 느낌을 주면 상대방은 자신의 내면에 있는 이야기들을 하게 된다. 내면의 이야기 중에서 긍정적이고 끌어 낼 수 있는 부분을 선정해서 집중적으로 수다를 하도록 하다 보면 상대방의 잠재능력을 발산할 수 있게 된다. 이처럼 경청을 효율적으로 활용하면 상대방으로 하여금 자기 속에 있는 무한한 잠재능력을 쏟아 놓도록 한다.

> **예** "들어 보니 정말 좋은 생각을 가지고 계시군요. 그렇게 하려면 어떻게 하는 것이 가장 좋을까요?"

바로 평가하지 않는다

상대방이 표현한 수다에 대하여 화자는 들으면서 계속 평가를 할 것이다. 그런데 상대방이 말을 끝내자마자 바로 평가적인 반응을 보이게 되면 상대방은 답을 하는 것에 대하여 부담을 느끼게 되어 수다를 계속 이어가지 않을 수도 있다. 꼭 수다에 대한 평가를 해야 하는 경우는 수다가 다 끝나고 수다내용을 정리하면서 화자가 생각한 내용을 종합적으로 알려주는 것이 좋은 방법이다.

예 ○ "네, 좋은 생각이세요. 그렇게 생각할 수도 있겠네요."
× "그걸 말이라고 하세요. 그건 잘못된 생각이지요."

말을 계속하도록 하게 한다

경청하는 도중에 상대의 말이 끝났을 때 끝 부분을 반복하거나 후렴형식으로 해주면 상대방은 수다를 하는 것이 즐거워져 지속적으로 수다를 하려고 한다. 따라서 상대방의 수다에 대해서 내가 제대로 이해하고 있는지 알려 주고, 상대로 하여금 내가 잘 듣고 있음을 알려 줌으로써 계속 말을 하도록 유도할 수 있다.

예 "네, 그런 일이 있었군요. 그래서 어떻게 되었나요?"

마음으로 들어 준다

경청의 가장 좋은 듣기 방법은 마음으로 들어 주는 것이다. 상대방에 대한 자신의 현재 생각이나 선입견, 고정관념을 가지고 경청을 하게 되면 건성으로 들을 수 있어서 말하는 사람이 기분 나쁠 수도 있다. 따라서 화자는 건성을 듣지 말고 진지한 마음으로 들어 주면 상대방은 기분이 좋아져서 마음의 문을 열고 수다를 하게 된다.

예 "들어 보니 저도 마음이 아파오네요. 그래도 굽히지 마시고 도전해 보세요."

상대편의 입장이 되어서 들어 준다

화자와의 만남에서 쉽게 상대편의 마음을 열려면 상대방의 입장에서 모든 내용을 경청하면 좋다. 상대방은 화자의 경청 자세에서 자신을 배려하고 있다는 생각을 갖게 되어 모든 이야기를 서슴없이 하게 되어 상대방의 상황을 분석하는 데 도움이 된다.

예 "제가 들어봐도 선생님의 마음이 어떠했는지 충분히 이해가 가요. 참 힘드셨겠어요."

들어 주되 객관성을 유지한다

화자는 상대방과의 경청에서 공감할 수 있도록 노력해야 한다. 상대방의 수다에 대하여 너무 몰입해서 들으려다 보면 상대방의 수다가 잘못되었음에도 불구하고 그냥 넘어가는 경우가 있다. 그래서 잘못된 결과를 가져오는 수가 있다. 따라서 경청 도중에 화자는 상대방의 감정에 말려들지 않도록 객관성을 최대한 유지하도록 해야 한다. 잘못된 부분이 인지되면 수다를 상대방이 스스로 수정할 수 있도록 질문으로 유도한다.

> **예** "지금 그렇다고 말씀하셨는데 다른 방법은 없을까요?"

인내심을 갖고 들어 준다

수다하는 것이 습관이 안 된 사람은 횡설수설하는 경향이 있다. 이런 경우 화자가 답답하다고 수다를 중단해 버리면 상대방은 마음을 다치게 된다. 따라서 인내심을 가지고 들어주되, 수다를 통해 원하는 내용을 집중적으로 들을 수 있도록 유도하는 것이 좋다.

또한 상대방이 처음부터 문제의 핵심을 꺼내지 않는다는 점을 이해하고 처음에 장황한 이야기를 꺼내는 것에 대해서도 인내를 가지고 문제의 핵심을 찾도록 도와주어야 한다.

예 “네! 좋은 말씀입니다. 그렇지만 그것보다는 좀 구체적인 방법은 없을까요?”

제8장
주의해야 할 수다기술

말은 날개를 가지지만 자신이 생각하는 대로 날아가 주지는 않는다. 때로는 원하지 않는 결과를 가져다 주기도 한다.

엘리어트

경청을 잘 못하면 수다를 멈추게 한다

경청을 잘 못하면 상대방에게 "너의 말은 들어줄 만한 가치가 없어", "나는 너에게 이제 싫증이 났어", "네가 나를 대접해"라는 의미로 전달되게 되어 수다를 더 이상 진행하고 싶지 않게 된다. 특히 상대방이 즐겁게 수다를 하고 있는데 경청을 해주지 않으면 심한 경우에 화를 내면서 수다를 중단할 수도 있다.

경청은 상대방에 대한 배려이면서 자신의 말하고 싶은 욕구보다 상대방의 욕구를 위에 두고 있다는 것을 알려주는 신호이다. 따라서 경청은 상대방을 수다에 적극적으로 참여시키는 과정이므로 경청이 실패하지 않도록 주의를 해야 한다.

경청에 실패를 하면 수다를 이어가는 데 큰 장애를 가져오므로 수다가 성공적으로 이루어지게 하려면 상대방의 수다를 경청하는 습관을 들여야 한다.

부정적 판단은 수다를 멈추게 한다

수다 중의 판단은 상대방의 수다에 대하여 화자의 입장에서 하는 가치평가를 말한다. 판단은 긍정적 판단과 부정적 판단으로 나눌 수 있다. 긍정적 판단은 "그건 좋습니다", "네, 그렇게 하셔야 합니다"와 같은 표현이고 부정적 판단은 "당신은 그렇게 해서는 안 됩니다", "당신은 그러니까 문제입니다"와 같은 반응이다.

긍정적 판단은 수다를 진행하는 데 도움이 되지만 부정적 판단은 친밀한 분위기를 저하시키고 상대방에 대한 불편함을 나타내어 결국에는 수다를 중단하게 하는 원인이 된다. 다음에 설명하게 될 안심, 거절, 동의, 이견, 칭찬, 비난, 방어, 충고 등은 모두 부정적 판단에서 나오는 것이므로 신중하게 판단해야 한다.

수다에서 어느 정도의 판단은 필요하지만 상대방의 수다에 대해서 바로 수다에 대한 판단을 표현하게 되면 상대방은 수다를 이어가는 데 부담이 된다. 더욱이 부정적 판단을 하게 되면 상대방은 자신에 대한 자존감이 떨어지고 기분이 나빠지게 된다. 따라서 수다 중 판단은 신중해야 하지만 판단결과에 대해 상대방이 기분 나쁘지 않게 해야 자신의 가치를 높게 가지고 수다에 참여할 수 있다.

일시적인 안심이 소외감을 준다

수다 중 일시적인 안심은 상대방이 실제로 문제를 가지고 있는데도 불구하고 일시적으로 안심시키는 것을 말한다. 예를 들어 수다 중에 상대방의 수다를 들으면서 화자가 대충 성의없이 "모든 일이 잘 될 겁니다", "곧 좋아지실 거예요"라고 표현하는 것을 말한다. 이런 말은 상대방이 듣기에는 좋은 말이지만 오히려 상대방은 자신의 수다를 진지하게 들어주지 않거나, 자신의 수다를 무시하거나 경시하는 태도라고 생각할 수 있다.

일시적인 안심은 상대방에 대한 배려로 시작하지만 오히려 역효과를 낼 수 있으므로 신중하게 사용해야 한다. 수다 중 일시적인 안심을 잘못 사용하게 되면 오히려 상대방은 불쾌감을 느끼게 되고 화자에 대한 거부감과 함께 자신의 표현을 차단시키게 되는 결과를 가져온다.

예

상대방 : "나를 위해 최선을 다하고 있는 건 알지만 하나도 나아지고 있지 않아요.(눈물을 흘리며 우울해 하고 있다)"

화 자 : "당신은 곧 나아질 거예요. 아무 걱정하지 마세요.(일시적인 안심, 불편한 상황을 피하기 위한 노력)"

상대방 : "직장에서도 이젠 나를 귀찮은 존재로 여기고……"
화　자 : "제가 보기에는 별로 그렇지도 않은 것 같은데요. 걱정할 것이 못 된다고 봅니다.(화자의 느낌을 경시)"
상대방 : "모르겠어요.(수다를 중단해 버린다)"

위의 예에서 보듯이 일시적인 안심은 상대방을 생각해서 한 말이지만, 오히려 상대방은 자신의 감정이 거부당했다고 느끼게 되며 더 이상 자신의 문제를 화자와 이야기하지 않게 된다.

따라서 화자는 상대방 수다에 대해서 화자는 가벼운 일시적인 안심을 시켜주기보다는 화자의 입장에서 진지하게 들어 주고 있다는 생각과 함께 화자의 반응에 대하여 상대방이 자신감을 가질 수 있도록 반응해 주어야 한다.

상투적인 반응이 의미 있는 수다를 방해한다

상투적인 반응은 상대방의 질문에 대하여 화자가 의미 없는 대답을 하거나 진부한 대답으로 성의 없게 반응하는 것을 말한다. 화자의 상투적인 반응은 상대방이 더 이상 수다를 이끌어 가려는 마음을 방해하여 수다를 멈추게 할 수도 있다.

예

화　자 : "좀 어떠세요?"

상대방 : "속상해 죽겠어요. 하는 일마다 안돼요."

화　자 : "아유! 항상 부정적이시군요. 그러니 일이 잘 안되지요. (상투적인 반응)"

이처럼 상투적인 반응은 "너는 나에게 무의미한 존재야", "나도 너하고 이야기할 시간이 없어", "또 똑같은 이야기니?"라는 메시지를 전하게 된다. 결국 상투적인 반응은 수다를 하는 상대방의 개별성을 무시하고 모두 똑같이 취급하는 결과를 초래하여 수다를 방해하는 요인이 된다.

문자적인 반응이 수다를 무의미하게 한다

문자적인 반응은 상대방이 말하는 것에 대해 즉시 반사적으로 반응을 하는 것을 말한다. 즉 상대방이 이야기하는 것에 대하여 화자는 깊게 생각지 않고 바로 성의 없이 대답하는 것이다. 문자적인 반응은 상대방의 이야기가 무의미하다는 것을 느끼게 해 준다.

수다 중에 상대방은 자기 자신의 느낌을 직접 표현하기보다 어떤 상징을 사용하거나 숨겨진 의미가 있는 말을 할 수 있다. 그런데 신중하게 상대방의 말에 담긴 속뜻이나 의미를 이해하려 하지 않고 그대로 반응을 하면 상대방은 화자가 자신의 감정을 이해하지 못한다고 생각한다. 자신의 감정을 이해를 못 하면 상대방은 더 이상 수다를 이어가고 싶은 생각을 버리게 된다.

예

상대방 : "지금 하시는 일이 멋있어 보입니다."

화　자 : "그냥 그래요."

여기에서 상대방의 "지금 하시는 일이 멋있어 보입니다"라는 표현은 실제로 멋이 있거나 없거나의 정보를 얻기 위한 것이 아니다. 그것은 "나도 그렇게 되고 싶습니다. 방법 좀 알려주세요"라는 느낌의 표현이었던 것이다. 그런데 화자는 "그냥 그래요"라고 말을 하게 되면 상대방은 더 이상 말을 이어가기 곤란하다. 따라서 "지금 하시는 일이 멋있어 보입니다"라는 표현에 대해서 화자는 "아, 그건 이렇게 하시면 됩니다"라고 표현하는 것이 좋다. 상대방이 수다를 즐겁게 하게 하려면 화자는 상대방의 말에 바로 반응하기보다는 느낌에 반응을 하는 습관을 키워야 한다.

화자의 표현 가운데에는 문자적인 답변보다는 태도나 느낌에 대한 이해를 구하는 것이 많다. 그럴 때 답변은 정직하고 상대방이 원하는 답변을 해야 하는 것이다.

예

화 자 : "다이어트를 시작한 지가 열흘이나 되는 데도 아직 결과가 안 나오네요. 어떻게 하면 좋을까요?"

화자 A : "네, 그래요.(문자적인 반응)"

화자 B : "조금 더 시간을 가지고 노력해보세요.(문자적인 반응)"

화자 C : "효과가 빨리 나타나지 않는 것에 대해 염려가 되지요? 우리 같이 문제점을 찾아서 시도해 볼까요?(반영)"

충고는 헤어질 각오를 하고 하라

충고란 남의 결함이나 잘못을 진심으로 타이르는 것을 말한다. 수다에서 충고는 매우 중요한 기술 중의 하나이다. 화자의 진심어린 충고를 통해서 상대방이 변화하기 때문이다. 그러나 충고는 상대방에게 부족하다는 것을 느끼게 하며, 열등한 위치에 있다는 의미가 포함된다. 따라서 충고를 너무 쉽게 해버리면 상대방은 자신의 무능력을 거론한 것 같아서 매우 불쾌해 질 수 있다.

충고는 단순히 상대방의 결함이나 잘못을 타이르는 것보다는 상대방이 화자가 제공한 정보를 바탕으로 스스로 판단할 수 있도록 해야 한다. 정보의 제공은 상대방이 스스로 결정할 수 있도록 어떤 사실에 대해서 지식을 제공해 주는 것임에 비해 충고는 화자가 말하는 대로 무조건 따라야 하기 때문에 상대방이 부담스러워 하게 된다.

예 ○

"이렇게 하세요.", "이렇게 하는 것이 더 좋겠어요."

예 ×

"이런 것도 있고, 저런 것도 있는데 어떤 것이 더 좋은가요?"
"제가 보기엔 이런 것이 더 좋은 것 같습니다."

거절에도 예의가 필요하다

거절은 요구나 제의 따위를 받아들이지 않고 물리치는 것을 말한다. 인간관계에서 부탁을 받고 불가피하게 거절해야 할 때처럼 어려운 일도 없을 것이다. 그렇다고 상대방의 사정을 모두 들어줄 수도 없는 것이고 보니 거절할 때 여간 신경이 쓰이는 것이 아니다.

자칫 거절 방법이 좋지 않아 가까웠던 사이가 어색해지기도 하고, 심하면 등을 지게 되기도 한다. 어쩔 수 없이 거절해야 할 때는 부탁하는 사람이 기분 나쁘지 않으면서도 거절하는 나는 당당할 수 있으면 좋을 것이다.

명확한 거절은 모두의 권리이자 나 자신을 존중하는 것이다. 그러나 불편한 상황을 모면하기 위해 명확히 거절을 하지 못하거나 우회적으로 거절하게 되면 상대방이 나의 뜻을 잘 이해하지 못하여 나중에 곤란한 상황에 처하는 경우가 종종 있다.

상대를 배려하는 것과 상대의 부탁을 모두 들어주는 것을 혼동해서는 안 된다. 부탁하는 사람도 안 될 것을 알면서도 부탁하는 경우가 종종 있다. 그렇다고 급한 마음에 부탁을 하지만 바로 거절을 해 버린다면 상대는 서운한 마음이 배가 될 것이다. 따라서 거절을 할 때에도 최소한의 예의가 있어야 한다.

거절의 뜻은 단호하게 비추되 태도와 표현은 부드럽고 정중하게 해야 한다. 부탁하는 사람을 쉽게 대하는 태도를 보이거나 자신을 과시하는 모습은 상대로 하여금 무시 받는 느낌을 들게 하여 다시는 상종하고 싶지 않게 만들 것이다. 거절을 하더라도 충분히 상대가 대접 받았다는 느낌이 들도록 하여, 어쩔 수 없겠구나 하는 마음이 들게 해야 한다.

예를 들면 상대방이 "지금 급하게 수다를 나누고 싶은데 괜찮으세요?" 라고 했는데 화자가 "지금은 시간이 없는데요" 라고 말하거나, 화자가 뭐라고 말하고 있는데 "그런 것은 말하지 마세요", "그런 것은 이야기하고 싶지 않아요" 와 같은 말을 하는 것이 바로 거부다.

거부는 상대방의 느낌이나 그 주제에 대한 이야기를 나누고 싶지 않다는 것으로 표현되기 쉽다. 거부당하는 상대방은 그 수다가 거절당했음과 더불어 자기 자신이 거절당한 느낌을 갖게 된다.

통상 거절하는 태도는 흔히 자신의 약점이 노출되는 것을 막기 위해서, 혹은 증가되는 불안으로부터 방어하기 위해서 사용하게 된다. 이런 반응은 고독, 절망감, 소원감을 강화하며 결국에는 수다를 더 이상 이해하지 못하게 한다.

따라서 거절을 할 때는 상대방에게 충분히 현재의 어려운 상황이나 그래야 하는 이유를 인지시킨 후 해야 상대방이 자신에 대한 거부감이 아니라고 생각하여 편안해질 수 있다.

기분 나쁘지 않고 당당하게 거절하는 방법

– 아주 좋은 제안이네요.

먼저 상대방의 제안에 대한 긍정적 인정을 한다. 그런 다음 정중하게 지금은 그럴 입장(일정, 상황)이 되지 않음을 명시한다. 그러나 상황이 어떤 것인지는 굳이 설명하지 않는 것이 좋다.

예

- "참 좋은 아이디어네요. 그러나 전 당분간 그 일을 할 수가 없네요."
- "아주 훌륭한 상품이군요. 욕심이 날 정도로요. 그러나 지금 당장은 구입할 입장이 아닙니다."
- "굉장히 창조적인 계획이군요. 그러나 지금은 일정이 겹쳐서 당분간 보류해야 할 것 같습니다."

– 생각해 볼 시간을 주세요.

상대의 부탁에 대한 진지한 검토의 시간을 벌어야 한다. 물론 심적으로는 이미 거절하기로 마음을 정했다 하더라도 바로 거절하는 것보다는 성의가 있어 보이기 때문에 상대는 무조건 서운하게 생각하지 않는다.

예

- "그것을 검토해 볼 만한 시간이 필요합니다."
- "저는 바로 수락하고 싶지만, 당장 그럴 수는 없으니 또 다른 어떤 방법이 있는지 알아 볼 시간이 필요합니다."
- "죄송합니다만, 그렇게는 하지 않습니다."

자신의 확고하고 일정한 기준이 있다는 것을 명시한다. 이것저것 설명하는 것보다는 단호하게 느껴져 상대도 더 이상 권유하기가 힘들어진다.

예

- "죄송합니다만, 저녁 술자리는 갖지 않는 것이 제 원칙입니다. 대신 점심식사를 멋지게 대접하고 싶습니다."
- "죄송합니다만, 저는 일요일에는 일하지 않습니다."

– 그런 일이 있었군요. 참 안됐네요. 당신은 분명 해결책을 찾을 것입니다.

처음부터 부탁을 하지 않고 한숨만 쉬는 사람이 있다. 자신의 부정적 상황에 관한 얘기를 먼저 하면서 넌지시 부탁을 한다. 사실

이런 유형의 부탁이 우리나라 정서에는 가장 뿌리치기 힘든 상황일 것이다. 들어줄 수 있는 부탁이라면 시원하게 수긍을 할 것이지만, 내 자신도 상황이 그리 용이하지 않다면 부득불 거절을 해야 할 것이다. 그럴 경우 상대의 처지에 대한 이해를 충분히 해주면서도 다소 단호한 대응 방법을 택해야 한다.

예

- "그래요? 정말 안됐네요. 당신이 좋은 해결책을 찾을 수 있기를 바랍니다."

– 음! 정말 안 되겠습니다.

때로는 이런 저런 방법을 쓰느니 가장 단호하게 안 된다는 의사표현을 하는 것이 좋다. 분명한 거절은 괜한 오해의 소지를 없애주고, 서로의 시간을 낭비하지 않게 한다. 확실하게 얘기하지 않는 혼동스런 태도는 아직도 마음의 결정을 내리지 못한 것처럼 보일 수 있어 재차 부탁을 하게 된다. 그러나 확고하게 거절을 하더라도 바로 "안 됩니다" 하는 것보다는 잠시 사이를 주어 고민하는 모습을 보이고 거절하는 것이 상대의 감정을 배려하는 모습으로 비춰진다.

- 거절의 의사표현을 할 때 "미안하다"는 말은 꼭 그렇게 느낄 때만 쓴다.
- 상대가 당신 말을 받아들이지 않을 때는 침묵을 하거나 수다를 끝낼 권리가 있다.
- 일단 거절의 의사표현을 했어도, 다시 맘은 바꿀 수 있다.
- 거절의 의사표현은 조용한 목소리로, 몸짓으로 말해서 상대방을 아프지 않게 한다.
- 거절의 의사표현은 대안을 제시할 수도 있다.

  화　자 : "지금 급하게 수다를 나누고 싶은데 괜찮으세요?

  상대방 : "지금은 제가 급히 다녀와야 할 일이 있는데 다음으로 약속을 잡으면 어떨까요?"

이견은 상대방에 대한 배려로 좁힐 수 있다

이견은 상대방의 생각과 화자의 생각이 다름을 뜻한다. 수다 중에 화자와 상대방이 이견을 보이면 상대방은 자신의 생각이나 행동에 대하여 방어하게 되고 변명하게 만든다. 따라서 이견이 발생하였을 때는 중요한 이견인지 아닌지를 분석하여 중요치 않은 이견에 대해서는 상대방의 말을 수용하고, 중요한 경우에는 상대방이 화자의 말에 따르게 해야 한다.

그러나 화자의 이견에 따르게 하더라도 상대방의 정서적인 분위기를 파악하여 이견을 좁히려는 노력을 해야 한다. 즉 화자가 정서적으로 불안하거나 자신감을 상실한 경우에는 이견을 강하게 피력하기보다는 상대방을 배려하는 차원에서 수다를 유도하는 것이 좋다.

예 ×

"틀렸어요."
"그렇지 않아요."
"그렇지 않다고 생각해요."
"그건 믿을 수 없어요."
"거짓말 마세요."

예 ○

"꼭 그렇게 생각하시면 어쩔 수 없지만 그래도 보편적으로 이렇게 하셔야 성공할 수 있습니다."

비평도 잘하면 약이 된다

수다 중에 화자가 상대방의 행동 혹은 생각을 비평할 때가 있다. 비평은 사물의 옳고 그름, 아름다움과 추함 따위를 분석하여 가치를 논하는 것을 말한다. 비평은 화자의 입장에서 상대방의 말에 대한 가치판단의 결과로 하게 된다. 따라서 비평은 상대방의 마음을 다치게 하거나, 부정적인 생각을 갖게 하기 쉬우므로 조심해서 해야 한다.

비평을 하는 요령

- 비평을 해야 할 때는 미리 비평의 방법이나 상황을 예측하여 적절한 때와 장소를 미리 예고하고 개인적으로 비평하는 것이 좋다. 갑자기 여러 사람 앞에서 비평하게 되면 충격을 받거나 심하면 반발할 수 있어 화자를 더욱 당황하게 만들 수도 있다.
- 구체적으로 비평한다. 막연하게 비평하면 상대방이 오해를 할 수 있기 때문에 구체적으로 비평해서 자신의 문제가 무엇인지를 정확히 알게 하는 것도 좋은 방법이다.

예 "너는 항상 왜 그러니?"보다는 "너는 나를 도와주기 위해 심부름 좀 하면 안 되니?"

- 비평을 야단하거나 질책하지 말고 객관적으로, 건설적으로 표현한다.

> 예 "너는 다른 일은 잘하는데 다른 사람들에게 인사만 좀 하면 더 멋있는 사람이 될 거 같아."

- 부정적인 단어를 피한다.

> 예 "미쳤어", "융통성이 없어", "못된 놈", "제멋대로야", "꽉 막혔어", "틀려먹었어"

- 진지한 태도로 하되 너무 자주하거나 길게 비평하면 잔소리같이 들려서 효과가 적어진다.
- 상대방이 취할 수 있는 어떤 대안을 제시하면서 비평하면 반발심을 줄일 수 있다.

> 예 "지금까지는 너무 좋았는데 이것만 고치면 더 좋아질 것 같아."

- 감정을 솔직히 표현하면서 비평하는 것이 좋다.

> **예** "내 입장에서 너에게 솔직히 말하기가 참으로 곤란하지만 그러나 이것만은 꼭 알아야 해."

비평을 받아들이는 요령

- 먼저 그 비평이 공평한가를 판단해서 그 비평이 불공평한 경우는 그 이유를 반문할 수 있다.

> **예** "너는 너무 어렵게 살아."
>
> **답** "어떤 부분이 어려운데?"

- 만일 올바른 비평이면 상대방에게 구체적인 대안을 물어본다. 그러나 상대방의 대안을 반드시 채택할 필요는 없다. 다만 고려사항으로서 경청하고 나서 건설적인 비평을 해준 상대방의 노력에 감사의 뜻을 표시하면 세련된 매너라고 볼 수 있다.
- 비평을 들을 때 구차하게 자기 비판적이거나 자기 변명을 늘어놓지 않는다.

- 비평이 불명확할 때는 명확하게 이야기해 줄 것을 부탁한다.

> **예** "그 점은 이해가 안 되는데 정확히 이야기 좀 해줄래?"

- 만일 당신이 다른 견해를 가지고 있을 때는 비평에 대해서 공격을 가하지 말고, 당신의 의견을 정정당당히 밝히는 것이 좋다.
- 비평에 대한 당신의 감정을 표현하는 것이 좋다.

> **예** "당신의 말에 일리가 있다. 의견을 이야기해 주어서 참 고맙다. 그런데 그런 이야기라면 기왕이면 다른 곳에서 하면 내 기분이 더 좋겠다."

허위는 신뢰성을 떨어뜨린다

허위는 진실이 아닌 것을 진실인 것처럼 꾸며서 말하는 것을 뜻한다. 화자는 때로 상대방에게 사실이 아닌 이야기를 하는 경우가 있다. 그러나 대부분은 곧 사실이 밝혀지게 되는데 그렇게 되면 상대방과의 관계는 더욱 어려워지게 된다. 그뿐만 아니라 허위로 인하여 신뢰도가 낮아져서 사실적인 정보에 대해서도 상대방은 화자의 말을 일단 의심하게 된다.

그리고 한번 허위로 말한 것이 들통나게 되면 상대방은 추후에도 거짓말을 할 거라는 생각을 계속 잠재의식 속에 가지고 있기 때문에 수다가 지속되기 어렵다. 따라서 수다에서 화자는 진실된 내용을 말해야 한다.

주제의 회피는 수다욕구를 좌절시킨다

주제의 회피는 상대방이 하던 이야기의 주제를 다른 주제로 말머리를 돌려 버리는 것을 말한다. 이것은 상대방이 지금 신나게 하고 있는 수다의 주제에 대하여 자신이 없거나 불안하게 되면 자신을 보호하기 위해 일차적으로 사용되는 방법이다.

상대방이 열심히 수다를 하는데 중간에 주제를 돌린다든지 다른 제목의 주제를 준다는 것은 상대방의 발언권을 빼앗는 것이나 다름이 없다. 주제의 회피를 여러 번 당하게 되면 상대방은 더 이상 수다를 진행하고 싶은 욕구가 좌절되어 수다를 멈추게 된다. 따라서 수다는 상대방의 요구대로 진행시켜야 한다. 만약 화자 자신이 더 이상 수다를 진행하는 것이 불안해지거나 어려울 때는 수다를 중단하는 것이 좋다.

예

상대방 : "오늘은 내가 왜 인간적으로 부족한가를 알려 주십시오."

화　자 : "죄송하지만 오늘 제가 컨디션이 좋지 않아서 오늘은 여기서 수다를 종료하도록 하지요."

부정은 마음의 문을 닫게 한다

부정은 상대방의 수다내용에 대해 인정하지 않거나 받아들이려 하지 않는 것을 말한다. 부정은 말로 표현하지 않아도 화자의 음성의 고저, 혹은 얼굴의 표정으로 자연스럽게 나타난다. 부정은 상대방의 수다를 더 이상 받아들이려고 하지 않기 때문에 상대방과의 수다를 차단하게 만들고 상대방의 어려움을 도와줄 수 없게 한다.

그러니 꼭 부정의 표현을 해야 할 때는 확실히 해야 한다. 괜히 부정의 표현을 건성으로 하거나 무의미하게 하면 듣는 상대방은 오히려 불쾌하게 느낄 수 있다. 따라서 부정의 표현은 상대방이 기분 나쁘지 않도록 진지하게 하되 구체적으로 해야 한다.

예 ×

화　자 : "죽겠어요."

상대방 : "어리석은 말 하지 마세요."

예 ○

화　자 : "나는 보잘 것 없어요."

상대방 : "그럴 리가 없어요. 누구나 다 쓸모가 있는 사람이에요."

방어는 수다의 단절을 가져온다

방어는 상대방이 표현한 것에 대하여 일방적으로 막는 것을 말한다. 방어는 화자가 공격을 당하거나 불리한 입장에 처할 때 사용하는 것이다. 예를 들면 상대방이 화자에 대해서 불만스러움을 나타냈을 때 화자가 표현하는 것을 말한다.

예

상대방 : "내가 보니까 당신이 잘하는 것은 아닌 것 같은데요."

화　자 : "나는 5년이나 해왔기 때문에 나처럼 잘하는 사람이 없어요."

결국 방어는 상대방의 견해를 거절하는 것이 되며 "너에겐 불평을 호소할 권리가 없어"라는 메시지를 전달하게 된다.

따라서 방어는 상대방과 의견이 격돌되어 최악의 상황으로 몰고 갈 수 있기 때문에 방어의 표현을 하기 전에는 충분히 검토하고 표현하는 것이 좋다. 즉 방어의 표현을 잘못하게 되면 수다가 멈출 수 있다는 생각을 가지고 충분한 가치가 있을 때만 해야 한다. 조금만 참으면 별일없이 넘어갈 수 있는데, 방어를 하게 되면 수다가 완전히 멈출 수도 있기 때문이다.

선입견이 오해를 가져온다

우리는 한 부분의 전문성을 갖게 되면 그 분야에 대해서는 '잘 안다'는 선입견을 갖고 일을 처리할 때가 많다. 수다에서도 선입견을 가지고 상대방의 말을 들을 때가 많다. 특히 가까운 사람일수록 그런 습관이 발동을 한다.

상대방을 잘 안다는 생각에 그 사람의 생각까지 잘 안다는 착각을 하게 되는데, 그 사람을 아는 것과 그 사람의 생각을 아는 것과는 아주 큰 차이가 있음을 혼동해서는 안 될 것이다. 그 사람의 외형적인 모습과 조건 등은 변하는 주기와 모습이 대략 객관적인 형태를 띠고 있어서 '그 사람을 잘 안다'라고 했을 때의 의미는 그 사람의 외형적 모습과 조건들을 안다는 것이다.

그러나 사람은 누구나 생각이라는 넓이도 폭도 잴 수 없는 큰 보자기를 가지고 있다. 그 보자기는 사각의 것을 쌀 때는 사각의 모양이 되고, 둥근 것을 쌀 때는 둥근 모양의 그것이 된다. 어떤 때는 하늘을 덮을 정도의 넓은 것이 되었다가, 어느 때는 좁쌀 한 알도 싸맬 수 없을 정도로 작고 초라하기 그지없다. 그러한 생각의 보자기를 어느 누가 '잘 안다'라고 할 수 있겠는가.

또한 사람은 하루에 오만 가지 이상의 생각을 한다. 수다란 그러한 생각들을 가지런히 정렬하여 상대가 이해할 수 있도록 들려주고 보여주는 것이다. 그러나 수다는 사람의 복잡다단한 생각들을 다 잘 표현하기 어렵다.

그런데도 불구하고 '잘 안다' 라는 선입견을 가지고 상대방의 말을 들으면 끝까지 듣기가 힘들어진다. 수업시간에 너무나 잘 아는 내용만을 교사가 되풀이 한다면 십중팔구 학생들은 다른 것에 한눈을 파는 것처럼, 내가 잘 안다고 생각하는 이야기를 상대가 한다고 생각될 때 이 또한 그의 말에 집중하기보다는 자신이 그의 생각에 끼어들어 먼저 아는 척 하고 싶어질지도 모른다.

'잘 안다' 라는 선입견을 가지고 상대방의 말을 들으면 성급하게 상대방을 판단해버릴 가능성이 크다. '상대방은 이미 그 일을 수행하지 못한 전적이 있으므로 여전히 잘 해내지 못할 것이다', '상대방은 이미 문제가 있기 때문에 그의 수다는 문제가 있거나 이롭지 못할 것이다', '상대방은 나를 좋아하지 않기 때문에 나에 대한 비판만을 할 것이다', '상대방은 가진 것이 없기 때문에 가진 사람을 못마땅해 할 것이다', '상대방은 예전에 그 일을 수용하지 않았기 때문에 이번에도 동의하지 않을 것이다' 등등 이와 같은 성급한 상대방에 대한 판단은 화해나 타협의 빌미조차 주지 않고 수다를 포기하게 하거나, 상대방에 대해 부정적인 생각을 갖게 만들어 놓는다. 긍정이 긍정을 낳듯 부정은 더 큰 부정을 낳는다.

그렇게 상대방의 생각까지 미리 짐작하여 판단한다면 오해가 되기 쉽고 더 이상의 수다가 이어지기도 어려울뿐더러 인간관계 자체에 큰 흠이 가고 말 것이다. '저 사람은 나랑은 맞지 않아', '나랑 코드가 달라', '말이 통하지 않아', '말귀를 못 알아들어' 라는 얘기가 나오는 대부분의 이유가 '잘 안다' 는 선입견을 가지고 미리 판단하여 듣기 때문이다.

따라서 상대방에 대하여 오해를 하지 않고 있는 그대로를 보려면 수다 중 선입견을 갖지 말아야 한다. 수다를 즐겁게 이어가기 위해서는 상대방의 수다에 집중하여 어떤 의도와 내용을 가진 수다인지 차분히 귀 기울여 듣고, 수다 속의 의미를 공감하기 위해 열린 마음과 빈 마음으로 온전히 받아들이는 자세를 먼저 가져야 할 것이다.

〈주의해야 할 수다기술〉

구분	설명	예
일시적인 안심	불안해 할 이유가 없다고 말함 상대방의 문제를 무시하거나 경시하는 태도	나는 …에 대해 걱정하지 않아요. 모두 잘 될 거예요. 당신은 잘 해나가고 있어요.
상투적인 반응	의미 없는 대답을 하거나 진부한 대답으로 성의 없게 반응하는 태도	네, 잘하고 계시네요. 곧 좋아지실 거예요. 걱정 마세요. 다 그렇습니다.
문자적인 반응	말하는 즉시 반사적으로 반응하는 태도	그냥 그래요. 대충 하세요.
충고	상대방에게 어떻게 하라고 말함	나는 당신이 …해야 한다고 생각해요. 당신은 왜 …하지 않아요. 이렇게 하세요.
거부	상대방의 생각이나 언동에 대해 숙고하지 않거나 경멸함	지금 시간이 없는데요. 그런 것은 말하지 마세요. 그런 것은 이야기하고 싶지 않아요.
이견	상대방의 생각을 반대함	그건 틀려요. 그렇지 않아요. 나는 그것을 믿지 않아요. 거짓말 마세요. 그렇지 않다고 생각해요.
비평	상대방의 언동이나 생각을 비난함	그건 좋지 않아요. 저는 오히려 당신이 하지 않는 편이 나아요.
주제의 회피	화제를 다른 데로 돌리는 것	다른 이야기 하죠? 그것보다 중요한 이야기가 있어요.
부정	상대방의 문제를 받아들이지 않으려는 것	그건 안 돼요. 그렇게 하지 마세요.
방어	구두공격으로부터 어떤 것을 보호하려는 시도함	저는 평판이 좋은 사람입니다. 그건 그렇지 않습니다.
선입견	상대방을 미리 판단하여 수다를 받아들이지 않는 것	저 사람은 나쁜 사람이야. 저 사람은 수다할 가치가 없어.

참고문헌

전도근(2006). 생산적 코칭. 북포스.

전도근(2006). 돈버는 스피치 인맥 넓히는 커뮤니케이션. 성안당.

전도근(2007). 통하는 사람들의 생산적 코칭. 북포스.

전도근(2007). 창의력 쑥쑥 요리교실. 넥스트.

전도근(2007). 리더를 키우는 긍정의 힘. 해피앤북스.

전도근(2009). 부를 부르는 인맥관리의 기술. 무한.

전도근(2010). 스트레스, 역설의 건강학. 책과 상상.

전도근(2010). 대화의 달인에게 배우는 마음을 여는 대화법. 해피앤북스.

전도근(2010). 싸우지 않고 이긴다. 내일을여는책.

전도근(2012). 아이의 숨은 잠재력을 끌어내는 아빠 대화법. 지식채널.

전도근(2013). 약이 되는 스트레스, 독이 되는 스트레스. 해피앤북스.

전도근(2014). 수다치료의 이론과 실제. 교육과학사.

◐ 저자 약력 ◑

전도근

아이와 어른을 위한 평생교육을 현장에서 실천하고 있는 저자는 공주대학교 사범대학 일반사회교육과를 졸업하고, 경희대학교 교육대학원에서 교육공학을 공부하였으며, 홍익대학교 대학원에서 평생교육정책으로 박사학위를 받았다.

의정부고등학교, 의정부여자고등학교, 화수고등학교에서 16년간 학생들을 지도하였고, 강남대학교에서 5년간 강의하였다. 지금까지 교육, 컴퓨터, 요리, 자동차, 서비스 등과 관련된 50여 개의 자격증을 취득하였으며, 각 대학교, 지방자치단체, 교육청, 평생교육원, 국가전문행정연수원 및 각종 기업체 연수원 등에서 3,000여 회 이상 특강을 하였다.

제1회 평생학습대상 특별상을 수상하였고, SBS 〈순간 포착 세상에 이런 일이〉, KBS 〈한국 톱텐〉에 소개된 바 있다.

『엄마는 나의 코치』, 『아빠대화법』, 『생산적 코칭』, 『명강사를 위한 명강의 전략』, 『자기주도적 공부습관을 길러 주는 학습코칭』, 『수다치료의 이론과 실제』 등을 비롯한 150여 권의 책을 집필하였다.

매력적인 사람이 되는

행복한 수다의 기술

2014년 1월 10일 초판 1쇄 인쇄
2014년 1월 15일 초판 1쇄 발행

저자와의 협의하에 인지생략

저 자 • 전 도 근
발행자 • 한 정 주
발행처 • **지 성 공 간**

경기도 파주시 문발동 광인사길 71
전화 • 031)955-6952 / 팩스 031)955-6037
Home-page • http://www.kyoyookbook.co.kr
E-mail • kyoyook@chol.com
등록 • 제406-2008-000067호

낙장 · 파본은 교환해 드립니다.
Printed in Korea.

정가 12,000원
ISBN 978-89-967960-6-0